Lernkrimi Italienisch

Omicidio al Foro Romano

Roberta Rossi

Weitere Informationen zu Compact Lernkrimis finden Sie am Ende des Buches und unter www.lernkrimi.de.

Baierbrunner Str. 27, 81379 München
Ausgabe 2014
6. Auflage

Chefredaktion: Dr. Matthias Feldbaum
Redaktion: Isabella Bergmann
Fachkorrektur: Gabriella Motolese
Produktion: Ute Hausleiter
Titelillustration: Karl Knospe
Lernkrimi-Logo: Carsten Abelbeck
Gestaltung: Maria Seidel
Umschlaggestaltung: EKH Werbeagentur GbR, Hartmut Baier

ISBN 978-3-8174-7688-6
7276884/6

www.compactverlag.de, www.lernkrimi.de

Vorwort

Mit dem neuen, spannenden Compact Lernkrimi können Sie Ihre Italienischkenntnisse auf schnelle und einfache Weise vertiefen, auffrischen und überprüfen.

Kommissarin Rosa Nicoletti erleichtert das Sprachtraining mit Action und Humor. Die Verbrecherjagd führt sie quer durch Rom zu vielen Sehenswürdigkeiten.

Der Krimi wird auf jeder Seite durch abwechslungsreiche und kurzweilige Übungen ergänzt, die das Lernen unterhaltsam und spannend machen.

Prüfen Sie Ihr Italienisch in Lückentexten, Zuordnungs- und Übersetzungsaufgaben, in Buchstabenspielen und Kreuzworträtseln!

Ob im Bus oder in der Bahn, im Wartezimmer, zu Hause oder in der Mittagspause – das Sprachtraining im handlichen Format bietet die ideale Trainingsmöglichkeit für zwischendurch.

Schreiben Sie die Lösungen einfach ins Buch!

Die richtigen Antworten sind in einem eigenen Lösungsteil am Ende des Buches zusammengefasst. Im Anhang befindet sich außerdem ein Glossar, in dem die schwierigsten Wörter übersetzt sind. Diese sind im Text kursiv markiert.

Und nun kann die Spannung beginnen ...

Viel Spaß und Erfolg!

Die Ereignisse und die handelnden Personen in diesem Buch sind frei erfunden. Etwaige Ähnlichkeiten mit tatsächlichen Ereignissen oder lebenden Personen wären rein zufällig und unbeabsichtigt.

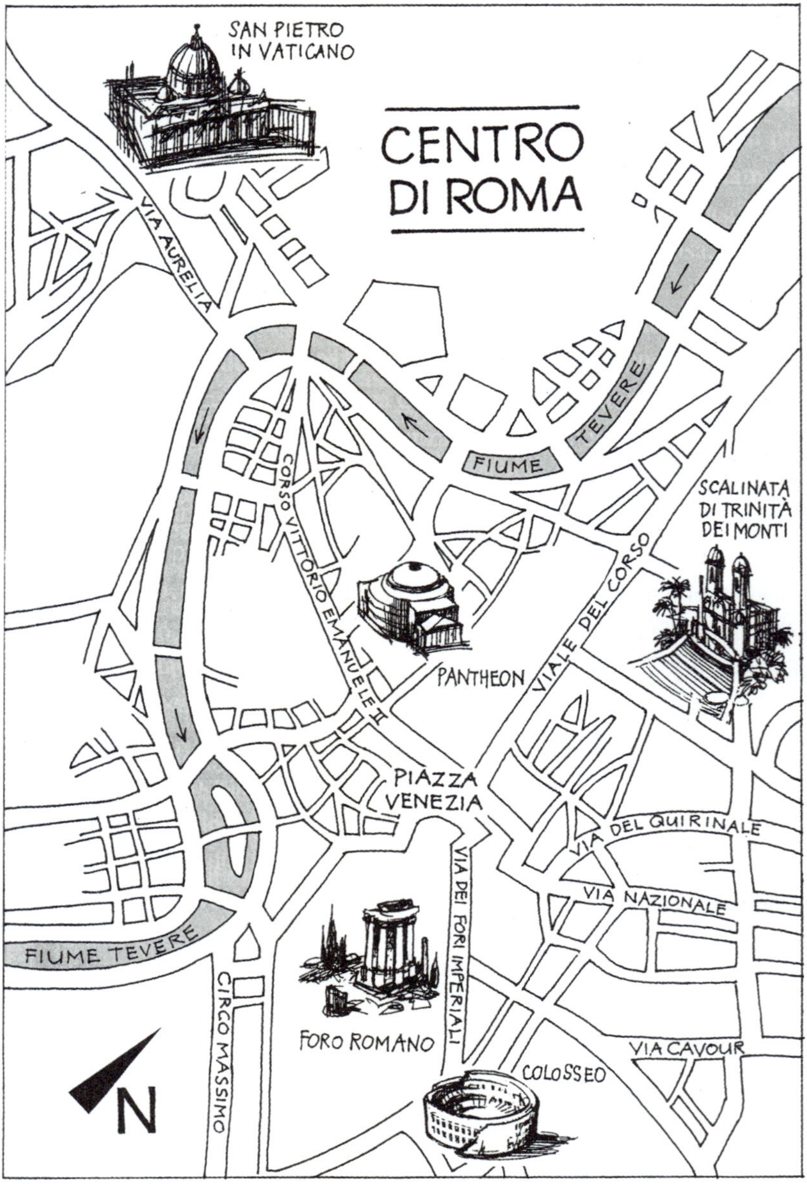
CENTRO DI ROMA
SAN PIETRO IN VATICANO
VIA AURELIA
FIUME TEVERE
CORSO VITTORIO EMANUELE II
SCALINATA DI TRINITÀ DEI MONTI
VIALE DEL CORSO
PANTHEON
PIAZZA VENEZIA
VIA DEL QUIRINALE
VIA NAZIONALE
VIA DEI FORI IMPERIALI
FIUME TEVERE
CIRCO MASSIMO
FORO ROMANO
VIA CAVOUR
COLOSSEO
N

Inhalt

Story

Kommissarin Rosa Nicoletti ist in Venedig eine von allen Verbrechern gefürchtete Kriminalistin. Sie wird von der Polizei immer dann eingesetzt, wenn alle anderen Ermittler vor unlösbaren Rätseln stehen.

Ihr neuester Fall verschlägt Rosa nach Rom, wo sie aufgrund ihrer ermittlerischen Fähigkeiten bei der Aufklärung des brutalen Mordes an der jungen Reiseführerin Luisa Bruschi benötigt wird. Gemeinsam mit dem attraktiven Kommissar Losanti und ihrem alten Freund und Verehrer Doktor Lombardo begibt sich Rosa auf die Suche nach Hinweisen, die sie quer durch Rom zu zahlreichen Sehenswürdigkeiten führt. Sie finden heraus, dass die Ermordete ein Verhältnis mit einem sehr angesehenen und verheirateten Abgeordeten hatte. Ist er vielleicht in den Mord verwickelt? Ganz wasserdicht ist sein Alibi jedenfalls nicht. Und welche Rolle spielt der mysteriöse Kardinal, mit dem Luisa mehrere Male in der Öffentlichkeit gesehen wurde?

Capitolo 1: Luisa Bruschi

Sul Foro Romano scende il primo buio. La pietra dei monumenti, delle *colonne* del tempio di Saturno e degli altri resti archeologici viene *ricoperta* dalle ombre della notte.

I turisti se ne sono ormai andati. L'orario delle visite per il pubblico è da tempo passato.

ÜBUNG 1 !

Übung 1: Setzen Sie den bestimmten Artikel ein!

1. _____ buio
2. _____ notte
3. _____ giorno
4. _____ pomeriggio
5. _____ sera
6. _____ tramonto
7. _____ alba
8. _____ sole

C'è una ragazza però, tra le *rovine*, che aspetta qualcuno. È Luisa Bruschi, una *guida turistica.*

È veneziana ma *si* è *trasferita* a Roma per lavoro. Ha *ottenuto* un *dottorato di ricerca* in storia dell'arte all'Università La Sapienza.

ÜBUNG 2 !

Übung 2: Setzen Sie die Sätze ins Passato Prossimo!

1. Luisa passa l'esame.

____

2. Il vestito costa molto.

____

3. Il ladro ruba la macchina.

____

4. I soldi non bastano.

____

5. Il gatto si morde la coda.

____

6. Le ore passano veloci.

____

Ludovico Lombardo, uno dei suoi professori dell'Università Ca' Foscari di Venezia, dove *si* è *laureata*, collabora da un po' di tempo per un certo periodo con un altro grande professore di Roma. Le ha chiesto così di lavorare per lui come assistente.

Übung 3: Wie lautet der unbestimmte Artikel? Setzen Sie ein!

ÜBUNG 3 !

1. ________ ragazza
2. ________ rovina
3. ________ guida turistica
4. ________ lavoro
5. ________ assistente (f)
6. ________ professore
7. ________ uomo
8. ________ donna
9. ________ storia
10. ________ assistente (m)

Luisa ha subito accettato. È andata a vivere *presso* un'amica, in un appartamento nel *quartiere* di Trastevere. Si è pagata gli studi per la laurea lavorando come *guida turistica* nella sua città. Ha pensato quindi di potere fare lo stesso a Roma, perché i soldi che l'università paga non sono molti: da soli non bastano per *mantenersi* a Roma.

ÜBUNG 4 !

Übung 4: Wie lautet das Partizip Perfekt folgender Verben?

1. trasferirsi ____________
2. aspettare ____________
3. ottenere ____________
4. collaborare ____________
5. chiedere ____________
6. lavorare ____________
7. mettere ____________
8. decidere ____________

Luisa non ha mai avuto problemi a trovare lavoro. Ha frequentato il liceo linguistico e sa parlare bene almeno tre lingue: inglese, francese e tedesco. Questo l'ha sempre aiutata nella *ricerca* di un lavoro. A volte lavora però anche in italiano con gruppi di veneziani in vacanza. Questo lavoro le piace, perché le permette di *approfondire* i suoi studi di arte e di storia, e la fa entrare in contatto con tanta gente.

ÜBUNG 5 !

Übung 5: Setzen Sie die richtige Präposition ein!

1. Luisa vive ________ quartiere di Trastevere.
2. Ho nascosto la chiave ________ cassetto.
3. Ho messo i soldi ________ salvadanaio.
4. Ho preso ________ yogurt dal frigorifero.
5. Ho comprato ________ bei regali.

6. Ho bevuto ________ acqua.

7. Vuoi ________ tè freddo?

8. Ho riposto il vestito ________ armadio.

Luisa è una persona molto socievole e ama stare in mezzo alla gente. Al tempo stesso è molto simpatica e riesce a *conquistare* facilmente il cuore delle persone. Le è successo più volte che alcuni turisti suoi clienti le hanno scritto e l'hanno ringraziata dopo il loro viaggio in Italia. Sono rimasti in contatto con lei per anni, anche solo dopo aver fatto un'unica visita guidata con lei. Ha trovato in questo modo tantissimi amici in tutto il mondo.

Übung 6: Konjugieren Sie die Formen von ***essere*** *und* ***avere*** *im Präsens!*

	essere	avere
io	________	________
tu	________	________
lui/lei/Lei	________	________
noi	________	________
voi	________	________
loro	________	________

ÜBUNG 6

Per il resto, Luisa non ha moltissimi amici. Passa la maggior parte delle giornate tra il lavoro e lo studio. Così non le rimane purtroppo molto tempo per fare incontri *al di fuori* del suo mondo.
È riuscita a *superare* l'esame di *guida turistica* per poter lavorare

anche a Roma. Una collega romana che conosce da anni l'ha aiutata a prepararsi per l'esame. Luisa è stata sempre molto brava, sia a scuola che nel lavoro. Così non ha avuto grosse difficoltà a *passare* l'esame col *massimo riconoscimento*.

ÜBUNG 7 !

Übung 7: Setzen Sie die richtige Verbform im Passato Prossimo ein!

1. Luisa non ________________ (avere) problemi a trovare lavoro.
2. Roberto e Luisa ____________________ (comperare) una bella casa.
3. Ludovico e Rosa ________________________ (arrivare) alla stazione alle 18.
4. Rosalinda ____________________ (andare) a prendere il figlio a scuola.
5. Il bambino non ___________________ (mangiare) la minestra.
6. L'assassino non ________________ (lasciare) prove del delitto.
7. La polizia non _____________________ (trovare) tracce.
8. Voi ______________________ (prendere) proprio un bel voto a scuola.

Da mesi lavora a Roma: porta gruppi di turisti italiani e stranieri alla scoperta di questa bellissima città.
È appassionata di storia antica e il Foro Romano è una delle sue specialità e il suo luogo preferito a Roma. Vi ha libero accesso perché uno dei *guardiani* è un suo amico, e le ha lasciato le chiavi.

Übung 8: Setzen Sie die Substantive in den Plural!

ÜBUNG 8 !

1. la persona ____________________
2. l'amica ____________________
3. la guida turistica ____________________
4. l'esame ____________________
5. la vergine ____________________
6. il turista italiano ____________________
7. la sua specialità ____________________

Luisa sta infatti facendo una *ricerca* sulle *Vestali*, le *vergini* che *custodivano* il fuoco sacro di Vesta, che nei tempi antichi *bruciava* nel circolare Tempio di Vesta. Adesso questo tempio è *ricomposto* in parte da *frammenti*. La statua della dea si trova nell'*edicola* accanto.
Luisa ha fissato il suo appuntamento proprio davanti alla Casa delle *Vestali*.

Übung 9: Setzen Sie die folgenden Verben ins Gerundium!

ÜBUNG 9 !

1. andare ____________ 6. bere ____________
2. essere ____________ 7. mangiare ____________
3. dormire ____________ 8. rubare ____________
4. prendere ____________ 9. fare ____________
5. finire ____________ 10. dire ____________

La casa aveva in passato un *vasto* cortile con giardino e *vasche*, con attorno un *portico* a due piani. Sui lati lunghi del cortile avevano sede le stanze di abitazione. Nel fondo è stata costruita una grande aula, allo *scopo*, forse, di *custodire* le statue degli dei e degli *imperatori*. *Al riguardo* però non c'è niente di sicuro.
Per questo Luisa ha *ripercorso* più volte i contorni della casa, alla *ricerca* di *tracce* del passato. Tutt'intorno al cortile ha trovato i resti di basi e statue di *Vestali*.

ÜBUNG 10 !

*Übung 10: Beantworten Sie die Fragen mit der passenden Zeit der Verlaufsform **stare** + Gerundium!*

1. Cosa fa Luisa? (fare una ricerca al Foro Romano)

   Luisa sta facendo una ricerca al Foro Romano.

2. Sai dov'è Ludovico? (lavorare all'università)

   ____

3. Dove sono i bambini? (giocare in giardino)

   ____

4. Che cosa facevate ieri alle 20? (andare al cinema)

   ____

5. Avete lavorato ieri? (lavorare adesso)

   ____

6. Ti ho telefonato, ma non c'eri. Come mai? (fare una doccia)

   ____

Luisa ha scelto questo argomento, perché è *attratta* dal destino di queste donne.

Venivano portate via dalla famiglia giovanissime. Ai tempi dei Romani restavano nel *sacerdozio* per trent'anni e dovevano rimanere *vergini*. La *Vestale* che non rispettava la regola subiva una durissima *punizione*. Veniva addirittura *sepolta* viva e il suo amante *frustato a morte*.

Übung 11: Vervollständigen Sie die Sätze mit den jeweils passenden Endungen der Adjektive!

1. Le Vestali erano giovan___.

2. I tuoi capelli sono lungh___.

3. La cucina italian___ è la migliore.

4. Il vino bianc___ o quello ross___?

5. Le scarpe ross___ o quelle viol___?

6. I pantaloni strett___ o quelli largh___?

Durante i suoi studi Luisa *si* è *imbattuta nella* storia di una giovane donna innamorata di un gladiatore, suo compagno di giochi d'infanzia ed eroe del Colosseo. *Si è commossa* nel leggere del loro tragico destino e della loro volontà di portare avanti il loro amore, a rischio della vita.

La giovane *Vestale* è stata *sepolta* viva. Il gladiatore, famoso e molto popolare tra la popolazione romana, è stato risparmiato. Ciò non gli ha però *impedito* di *uccidersi* per il dolore provocato dalla morte di lei.

ÜBUNG 12

! *Übung 12: Setzen Sie die Wörter in den Plural!*

1. la ciliegia rossa ____________________
2. la banana gialla ____________________
3. la bella casa ____________________
4. la bella città ____________________
5. il buon bambino ____________________
6. il buon gnocco ____________________
7. l'astuto poliziotto ____________________

Nella sua *tesina* Luisa ha *dato* particolarmente *risalto* a questo episodio, anche se sembra più *ispirato* alla leggenda che alla realtà. Luisa non è stata finora molto fortunata con gli uomini. Forse è per questo che è molto sensibile alle storie sentimentali.
Pensa proprio a questo nel momento in cui abbassa gli occhi tristi al *suolo*.

ÜBUNG 13

! *Übung 13: Ersetzen Sie die unterstrichenen Wörter durch Possessivpronomen!*

1. Il vestito di Luisa è rosso.

   Il suo vestito è rosso.

2. Il gatto di Rosa è nero.

   ____________________ è nero.

3. La macchina di Roberto è rotta.

   ____________________ è rotta.

4. Le scarpe di Annalisa e Laura sono nuove.

______________________ sono nuove.

5. Il mio e il tuo esame sono andati male.

______________________ esami sono andati male.

6. L'orologio di Carmelo è d'oro.

______________________ è d'oro.

La persona che sta aspettando è di sicuro in ritardo.
Forse non viene? In fondo non è la prima volta…
Ha una copia delle chiavi per *accedere* al Foro Romano.
Luisa ha passato talmente tanto tempo a fare *ricerche* in questo luogo, che non è la prima volta che si fa raggiungere qui.
Non è un comportamento molto serio per una *ricercatrice* che vuole diventare professore, ma lo trova un posto davvero romantico per un incontro… E poi, in fondo, è a Roma, una città meravigliosa, dove qualsiasi cosa pare essere o diventare possibile.

Übung 14: Lesen Sie weiter und bilden Sie sinnvolle Wörter aus dem Buchstabenchaos!

Non è Roma forse la (1. tàcit) __________ de "La dolce (2. tavi) __________"? È il famoso film di Federico Fellini, dove c'è la scena in cui Anita Ekberg balla, mezza *svestita* e a piedi nudi, nella Fontana di Trevi davanti al "bel Marcello", l'attore Marcello Mastroianni.

Luisa da (3. bibanam) ____________ è stata innamorata per anni di Marcello Mastroianni e ha *perfino* pianto, quando ha saputo della sua (4. torem) ____________.

Luisa (5. nepsa) ________ all'episodio di quel film e *sorride tra sé*. "Certo, quelli sono stati (6. impet) ____________ bellissimi!" si dice con malinconia.

In fondo il suo romantico incontro al Foro Romano non è niente in confronto al comportamento di quell'attrice!

E ci sono ragazze americane che ancora fanno il bagno, o meglio cercano di fare il bagno, *ubriache* nella Fontana di Trevi, *ispirate* da quella scena del film! Proprio la scorsa settimana una giovane *texana* è stata arrestata dalla polizia mentre, già a piedi nudi nell'acqua, cercava di togliersi tutti i vestiti. Alla fine si è fidanzata proprio col poliziotto che l'ha tirata fuori dall'acqua.

Luisa ripensa alla fotografia di entrambi, ripresi per il *lieto fine* da tutti i giornali. Ora però è *infastidita* dal ritardo della persona che sta aspettando.

ÜBUNG 15 !

Übung 15: Welches Adjektiv gehört zu welchem Substantiv? Ordnen Sie zu!

1. i piedi	☐	a) interessante
2. il bicchiere	☐	b) intelligente
3. il vestito	☐	c) antiche
4. la settimana	☐	d) scorsa
5. la casa	☐	e) nero

6. il libro	☐	f) accogliente
7. la stanza	☐	g) vuoto
8. il gatto	☐	h) nudi
9. le rovine	☐	i) luminosa
10. la persona	☐	l) rosso

Stavolta Luisa non *indossa* i jeans, come quando viene al Foro per fare le sue *ricerche*. Si è messa un vestito rosso, che fa pensare a un appuntamento amoroso.
L'oscurità, per quanto *inquietante*, l'aiuta a nascondersi agli occhi dei curiosi, che passeggiano sulla via dei Fori Imperiali.

Übung 16: Ergänzen Sie die folgenden Sätze mit ***quando*** *oder* ***perché****!*

1. Arianna non indossa il vestito rosso, come __________ l'abbiamo vista l'ultima volta.
2. Ludovico lavora all'università, __________ gli piace.
3. Non è andato a scuola, __________ era malato.
4. __________ piove, il cielo è sempre grigio.
5. Piango sempre, __________ vedo un film triste.
6. Non ho sentito mai così tanto dolore come __________ sono caduto e mi sono rotto una gamba.

Ha pensato di incontrarlo proprio lì, dove lei è in ogni caso tornata a ricontrollare un particolare per la sua *ricerca*. La deve portare al professore domani, e poi vuole andare nel suo ristorante preferito, sul Lungotevere.

! ÜBUNG 17

Übung 17: Ergänzen Sie die Sätze mit den folgenden Interrogativpronomen!
(dove (2x), perché, quando (2x), chi (2x), che cosa)

1. ____________ è andata al cinema?
2. ____________ hai l'appuntamento dal medico?
3. ____________ è il tuo attore preferito?
4. ____________ sei stato tutto questo tempo?
5. ____________ mi chiedi questo?
6. ____________ facciamo stasera?
7. ____________ sei stato ieri sera?
8. ____________ hai incontrato al Foro?

Il cuore di Luisa batte molto forte e risalta sulla *scollatura*, che scende leggera sul profilo del corpo.
È alta e *snella*, di sicuro una bella ragazza. Adesso però è nervosa. Muove con la testa i lunghi capelli neri, che le arrivano lisci fino alla schiena. Li sposta dal viso, dove li spinge il leggero vento della sera.
Ha un *presentimento*. Le sue mani tremano, mentre si accende una sigaretta. Quando ha cercato nella borsetta l'accendino, si è accorta di aver dimenticato a casa il *cellulare*.
Lui, allora, non la può chiamare se non viene.

*Übung 18: Ergänzen Sie die folgenden Sätze mit **che** oder mit der passenden Form von **di** (falls notwendig mit Artikel)!*

ÜBUNG 18 !

1. Il suo cuore batte così forte ______ risalta sulla scollatura.
2. Luisa è più alta ______ Rosa.
3. Mio padre è più giovane ______ mia madre.
4. Sono il più alto ______ miei fratelli.
5. Preferisco andare al cinema ______ guardare la televisione.
6. È più sano mangiare un'insalata ______ un hamburger.

Guarda l'orologio. Diventa sempre più nervosa. È un po' *spaventata* dall'arrivo improvviso dell'oscurità che ha preso il posto della luce del giorno, non appena il sole è sceso all'orizzonte.

Übung 19: Wie lautet das Adjektiv der folgenden Substantive? Setzen Sie ein!

ÜBUNG 19 !

1. nervo	______	5. bellezza	______
2. amore	______	6. altezza	______
3. lunghezza	______	7. lentezza	______
4. leggerezza	______	8. velocità	______

Luisa non ha mai avuto paura del buio, ma quella notte non si sente sicura. Ha appena fatto il primo *tiro* con la sigaretta. *Soffia* fuori il fumo e riguarda l'orologio.
Ancora non arriva.

È passata già mezz'ora dall'orario dell'appuntamento.

Forse non viene davvero più…

Mentre pensa questo, Luisa si sente prendere lo *stomaco* da un incontrollabile senso di perdita.

Improvvisamente un'ombra compare alle sue spalle.

Lei non la nota.

È troppo presa a fissare davanti a sé. È troppo presa ad aspettare quel qualcuno che non viene. È troppo presa a sperare. In fondo, nel suo cuore, è una romantica, una sognatrice. Crede nel *lieto fine*, come nel vero amore. È sicura che, se ha la pazienza di aspettare nella vita, arriverà anche la sua occasione, un giorno. Si sa, un *proverbio* dice che la speranza è l'ultima a morire!

ÜBUNG 20 !

Übung 20: Vervollständigen Sie die Sätze mit der passenden Verbform im Präsens!

1. ______________ (essere) troppo impegnata a guardare davanti a sé.
2. I bambini ______________ (rimanere) in giardino, perché ______________ (volere) giocare a palla.
3. La mattina Luca ______________ (dormire) sempre fino a tardi.
4. Non si ______________ (potere) sfuggire al proprio destino.
5. Sabato sera ______________ (io – andare) sempre in discoteca. Mi ______________ (piacere) ballare coi miei amici.
6. Certe volte ______________ (noi – decidere) di stare a casa a guardare la televisione.
7. ______________ (io – preferire) non uscire stasera.

Per un istante Luisa ha però come un *presentimento*. Sente una presenza dietro di sé, anche se i passi leggeri che si fanno sempre più vicini sono ancora troppo silenziosi per essere notati. Luisa ha sempre avuto un buon istinto. Come un animale *selvatico*, fin da bambina, *è stata in grado di* sentire il pericolo.
Ma non si può sfuggire al proprio destino.
Il cielo buio si fa più chiaro alla luce della luna piena e delle prime stelle. Luisa fa per *voltarsi*. Ma è ormai troppo tardi…
La sua fine è già stata segnata.

Übung 21: Wie lautet das Gegenteil? Ordnen Sie zu!

1. bello	☐ a) corto
2. alto	☐ b) nero
3. lungo	☐ c) sporco
4. bianco	☐ d) malato
5. pieno	☐ e) impaziente
6. pulito	☐ f) brutto
7. sano	☐ g) rigido
8. paziente	☐ h) stupido
9. flessibile	☐ i) vuoto
10. intelligente	☐ j) basso

Capitolo 2: Un caso complicato

Sul letto di Rosa c'è il *quotidiano* "La Repubblica", con in prima pagina la notizia del giorno. Luisa Bruschi, una giovane *guida turistica* veneziana, è stata *assassinata* al Foro Romano, *strangolata* con un *filo* sottile di nylon.

Sul corpo ci sono segni di violenza, segno che la ragazza ha *combattuto* per la vita. Il suo *assassino* l'ha raggiunta con tutta probabilità alle spalle. Sul corpo non si trovano però segni di *violenza carnale*. Non si tratta quindi di un *omicidio a sfondo sessuale*.
La polizia di Roma non riesce a trovare il *colpevole*. Il caso è complicato e *avvolto* nel mistero.
La ragazza ha lavorato all'università, per questo ha avuto per mesi libero accesso al Foro Romano.
La polizia non capisce però perché Luisa Bruschi sia rimasta lì fino al *calare* del buio. Il suo corpo è stato *ritrovato* vicino alla Casa delle *Vestali*. La scientifica ha già provato che non vi è stata *trascinata*. È stata uccisa proprio lì.

ÜBUNG 22 !

Übung 22: Wie lautet das Partizip Perfekt folgender Verben? Achten Sie auf die unregelmäßigen Formen!

1. assassinare __________
2. strangolare __________
3. combattere __________
4. leggere __________
5. lavorare __________
6. mettere __________
7. fare __________
8. bere __________
9. aprire __________

Dalla Via dei Fori Imperiali nessuno ha notato nulla, altro elemento che fa pensare che l'*assassino* l'abbia *trascinata* dietro una *colonna* o un albero per finirla. Le ha messo di certo una mano sulla bocca per non farla urlare.
Ma chi ha interesse ad uccidere una *guida turistica*? La polizia di Roma pare davvero non averne idea.
Carmelo Losanti, il commissario romano *incaricato* dell'*indagine*, non ha *rilasciato* alcuna *dichiarazione* alla stampa. Si sa solo che il *guardiano* del Foro Romano ha trovato il corpo di Luisa Bruschi il mattino successivo alla sua morte. Altro non è stato *rivelato*.
Losanti ha poi detto alla stampa che lavorerà al caso con Rosa Nicoletti, il commissario veneziano diventato famoso in tutta Italia per la sua capacità di *risolvere* i casi più difficili. È stata capace di trovare *perfino* l'*assassino* di George Brandly, una star hollywoodiana che è stata uccisa in circostanze misteriose al Festival del Cinema di Venezia.

Übung 23: Beantworten Sie die folgenden Fragen im Futur!

1. Che farai domani?

__________________________ (lavorare al caso)

2. Con chi ti vedi stasera?

__________________________ (vedersi con Mario)

3. A che ora tornerai a casa dall'università?

__________________________ (tornare verso le 16)

4. Quando arriverà tua sorella?

__________________________ (arrivare domani)

5. Quando andrete in vacanza?

_______________________________________ (andare la prossima estate)

6. Come mai domani non verrai alla festa?

_______________________________________ (dovere lavorare)

7. Come faccio a entrare a casa se tu non ci sei?

_______________________________________ (lasciare le chiavi sotto lo zerbino)

8. Come faccio a finire i compiti?

_______________________________________ (io – aiutare fra un ora)

Rosa ha ricevuto la telefonata di Losanti al commissariato di Venezia, subito dopo il *ritrovamento* del cadavere. Ora sta preparando la valigia per andare a Roma. Sarà ospite del commissariato di Roma all'Hotel Adriano, in via della Pallacorda, proprio in centro, finché il caso non verrà *risolto*. Losanti stesso l'andrà a prendere alla stazione.

Rosa deve prendere il treno superveloce, il *Pendolino*.

Dopo la telefonata di Losanti, pure Lombardo l'ha chiamata al *cellulare*. Ludovico Lombardo è il suo caro amico, professore di storia *medievale*, che l'ha spesso aiutata a *risolvere* diversi casi difficili.

Conosceva molto bene Luisa Bruschi, perché la ragazza aveva lavorato con lui all'università. È *sconvolto*. Non sa davvero chi abbia potuto odiare tanto una persona così buona. Vuole fare qualsiasi cosa per trovare il suo *assassino*.

Übung 24: Setzen Sie die folgenden Konjunktionen ein!
(finché, eppure, perché, ma, invece, e)

ÜBUNG 24 !

1. Rosa ha ricevuto la telefonata ____________ poi ha fatto la valigia.
2. C'è molto vento, ________________ sta arrivando il temporale.
3. Non finisco il lavoro, _______________ non mi pagano.
4. Pensavo che la macchina fosse tua, ________________ era di tuo fratello.
5. Faceva freddo, ________________ ha deciso di fare il bagno.
6. Non è stanco o malato, ________________ solo pigro.

Anche stavolta Rosa sa che può contare sul suo fedele aiuto. Cerca sempre di non coinvolgerlo troppo nei suoi casi ma, non si sa come, per una circostanza o l'altra, alla fine lavorano molto spesso insieme.
Rosa cerca però di tenere Lombardo fuori dalle situazioni più pericolose, anche se lui ha un talento straordinario nel mettersi nei *guai*. Ha rischiato più volte la vita per Rosa. Le ha dimostrato in più occasioni che lui non ha solo sentimenti di amicizia per lei.

Übung 25: Bilden Sie den Comparativo di Maggioranza mit ***di*** *oder* ***che****!*

ÜBUNG 25 !

1. La situazione è ________ pericolosa ________ altra volta.
2. Luisa è ________ alta ________ Rosa.
3. Ludovico è ________ colto ________ Carmelo.

4. La Ferrari è ______ veloce ______ economica.

5. Nuotare è ______ bello ______ sciare.

6. Quella ragazza è ______ simpatica ______ te.

Rosa però è talmente complicata, che ha preferito non *approfondire* il *rapporto* con lui. Non vuole rischiare di perdere Lombardo come amico. Sa che se fra loro c'è qualcosa di più di una semplice amicizia, e se questa non va a finire bene, poi non è più possibile avere lo stesso rapporto di prima.

! ÜBUNG 26

Übung 26: Setzen Sie den Superlativo Assoluto ein!

1. bella ______________________

2. alto ______________________

3. grande ______________________

4. buono ______________________

5. simpatico ______________________

Così coraggiosa nel suo lavoro, Rosa ha invece molta paura di qualsiasi *rapporto sentimentale* serio. Teme di perdere per sempre Lombardo, se una probabile relazione tra loro non dovesse funzionare.

Ha evitato quindi ogni *avvicinamento*, *fisico* o sentimentale, di Lombardo. Cambia argomento *ogni qualvolta* lui cerca di parlarle o di affrontare il problema, o quando lui scherza su una possibile loro storia d'amore.

Finora è riuscita a mantenere con lui solo un *legame* di amicizia.

Negli ultimi tempi, però, Lombardo le è sembrato molto nervoso. La situazione è diventata troppo difficile, perché le *allusioni* di Lombardo al suo amore per lei sono diventate molto più frequenti. Infine, da alcuni mesi, lui *si è trasferito* a vivere a Roma. Questo cambiamento improvviso l'ha aiutata a prendere tempo.
La sera prima della partenza di lui per Roma hanno cenato insieme. "Dobbiamo prendere una decisione! Io non ce la faccio davvero più ad andare avanti così, Rosa!", le ha urlato lui, un po' *ubriaco*, dopo aver bevuto un bicchiere di vino rosso in più.

Übung 27: Setzen Sie die Verben in den Imperativ!

1. ____________ (voi – fare) qualcosa!
2. ____________ (tu – fare) come ti dico, se non vuoi avere problemi!
3. Signori, per favore ________________ (voi – lasciare) la stanza!
4. Lucia, non __________________ (tu – arrabbiarsi) con me!
5. Signora, non _____________ (Lei – urlare) contro di me!
6. Bambini, ________________ (voi – alzarsi) dal letto, è tardi!
7. _______________ (tu – rimettere) in ordine la tua camera!
8. Andrea, per favore, _____________ (tu – smetterla) di dire bugie!

   Non lo sai che le bugie hanno le gambe corte?
9. Ludovico, ti prego, _____________ (tu – essere) più diplomatico!

Nel pronunciare queste parole le si è avvicinato di colpo.
Le ha *stretto* forte le spalle, mentre Rosa si alzava per portare i piatti sporchi in cucina.

"In che senso, Ludovico?", gli ha risposto lei. Per un istante ha tremato di paura.
"Sai bene di cosa sto parlando, Rosa! Credi che non abbia notato come tu *ti allontani* da me ogni volta che cerco di venirti più vicino? Sembri essere quasi *spaventata* da me! Ma come è possibile? In fondo sei *abituata* ad avere a che fare con criminali e *assassini*", ha detto lui, rosso in viso.
Rosa è rimasta come *paralizzata* da questa frase. Si è liberata dal suo *abbraccio*. L'ha respinto e *si è allontanata* da lui. Non è riuscita a rispondergli.
Appoggiata con le mani alla parete, lo ha semplicemente guardato fisso. Non *è stata in grado di* dire una sola parola.

ÜBUNG 28 !

Übung 28: Setzen Sie das richtige Pronomen ein!

1. Si è avvicinato a lei.

_______ si è avvicinato.

2. Ha stretto forte le spalle a lui.

_______ ha stretto forte le spalle.

3. Ha rammendato le camicie dei bambini.

Ha rammendato _______ le camicie.

4. Ha parlato a lui.

_______ ha parlato.

5. Ha chiesto a me.

_______ ha chiesto.

6. Vuole molto bene ad Antonella.

_______ vuole molto bene.

7. Coccola molto il gatto.

_______ coccola molto.

8. Ha fatto il bagnetto al bambino.

_______ ha fatto il bagnetto.

9. Ho chiesto a Paula e Roberto.

_______ ho chiesto.

Rosa sa di essere un caso difficile, una donna troppo complicata per avere una relazione. Ormai, dopo diverse delusioni amorose, nel suo cuore ci ha come rinunciato.

Übung 29: Lesen Sie weiter und setzen Sie die richtige Präposition ein!

ÜBUNG 29 !

Ha trovato un *equilibrio* (1.) ______ suo lavoro, dove concentra tutte le sue energie. Prova una forte attrazione (2.) ______ Lombardo. Non si sente però ancora pronta (3.) ______ amarlo, perché il suo *animo* è molto insicuro.

Quella sera non è riuscita ad avvicinarsi (4.) ______ lui. A volte ha pensato (5.) ______ baciarlo (6.) ______ passione, ma alla fine la paura ha sempre vinto sull'amore. Rosa ha preferito rinunciare (7.) ______ suoi sentimenti. Non vuole più essere ferita.

Lombardo è un uomo straordinario, ma purtroppo lei non può amarlo. Non vuole rischiare, come le è accaduto in passato, di perdere quell'*equilibrio* sentimentale che, dopo la fine di una storia d'amore molto importante per lei, ha impiegato anni a riconquistare. Inoltre sa bene che nel suo lavoro è molto pericoloso perdere questo *equilibrio*.
Un commissario di polizia non può lasciarsi andare a sentimentalismi. Deve avere i *nervi* molto *saldi*. Nelle situazioni molto pericolose, si rischia la vita se non si *ha il sangue freddo*. Anche per questo Rosa, in passato si è dedicata *anima* e corpo al suo lavoro. Si è ormai convinta che l'amore sia qualcosa che non può permettersi.

! ÜBUNG 30

Übung 30: Setzen Sie die Substantive in den Plural!

1. il suo lavoro ______________________
2. la sua energia ______________________
3. il mio gatto ______________________
4. il tuo vestito ______________________
5. il loro spazzolino da denti ______________________
6. il nostro compito ______________________
7. il suo caso ______________________

"Ok, Rosa. La situazione mi pare chiara. Ti confido che ho deciso di andare a Roma anche per questo", le ha detto Lombardo quella *maledetta* sera, quasi con le lacrime agli occhi.
"Mi dispiace. Ma io non ce la faccio davvero più ad andare avanti così. Ho bisogno di una pausa e di un distacco da te. Soffro troppo."

Rosa ha continuato a guardarlo, senza riuscire a dire un'unica parola.
"Per questo non voglio né farti del male, né *costringerti* a prendere una decisione", ha detto poi lui.
Dopo l'effetto dell'alcool Lombardo è tornato al suo carattere *timido* di sempre. O, più probabilmente, ha avuto paura di perderla.
"Voglio che tu sappia che ti sarò sempre amico. Mi puoi chiamare ogni volta che desideri. Sarò sempre lì per te. Non ti devi sentire sola. Devi sapere che puoi contare su di me. Solo che è un problema mio, a questo punto. Credo che questi mesi a Roma mi faranno davvero bene."
Dopo di che Lombardo ha fissato il *pavimento*. Non è più riuscito a guardarla negli occhi, mentre cercava la via d'uscita. Alla fine se n'è andato e ha *sbattuto* la porta dietro di sé.
Rosa ha pensato davvero di averlo perso quella sera. Ha pianto tutta la notte, ma non è riuscita a trovare la forza di telefonargli.
Il giorno dopo Lombardo ha preso il treno per Roma. Non l'ha sentito per tre, lunghissimi, giorni. Poi lui le ha telefonato, come se nulla fosse. Quel triste episodio era stato dimenticato.

Übung 31: Formulieren Sie die Sätze in der Negativform!

1. L'ha sentito ieri.

____

2. Luisa è andata al Foro Romano.

____

3. Ha preso appuntamento davanti al cinema.

____

4. Le ha telefonato ieri.

____

5. Ho guardato la televisione fino a tardi.

____

6. Mario è andato a fare la spesa.

____

Le ha telefonato una sera. Le ha chiesto come stava e come andava al commissariato. Rosa gli ha raccontato che si era occupata del caso di un giovane ladro che ha derubato molti turisti sul *vaporetto*.

Per il resto la vita di Rosa è passata al ritmo del lavoro d'ufficio negli interminabili giorni di assenza di Lombardo. Rosa ha *sbrigato pratiche burocratiche*, ha messo in ordine le carte, e ha risposto alle molte telefonate di veneziani che si lamentavano dei troppi turisti e del rumore… Ha cercato di aiutare qualche straniero che rischiava di essere rimandato nel proprio paese, perché non aveva il *permesso di soggiorno regolarizzato*. *Per lo più*, ci sono stati solo problemi noiosi da risolvere al commissariato.

"Mi manchi, Ludovico", ha detto Rosa a un certo punto della conversazione telefonica.

! ÜBUNG 32

Übung 32: Lesen Sie weiter und setzen Sie die Verben in Klammern in die richtige Person und den richtigen Numerus!

Stavolta ______________ (1. essere) stato però Lombardo a farsi distante. ____________ (2. avere) preferito non rispondere alle sue parole. Le ______________ (3. avere) piuttosto raccontato di come ______________ (4. avere) lavorato all'università e ______________ (5. avere) vissuto a Roma.

"Incredibile, come ______________ (6. essere) lenti a Roma! Non ______________ (7. potere) nemmeno immaginarlo, Rosa. E, poi, ______________ (8. fare) mille pause caffè o ______________ (9. perdersi) in *chiacchiere* di ore… E poi bisogna *combattere* ogni giorno contro la burocrazia… E, poi, il traffico! Qui è davvero *insopportabile*, e bisogna calcolare di lasciare casa con almeno un'ora di anticipo per arrivare puntuali! Per fortuna ______________ (10. essere) tutti in ritardo…

Ma come fanno a lavorare così? Il lavoro che di solito faccio in un paio d'ore a Venezia, qui impiegano almeno un giorno a farlo!", le ha raccontato e non le ha nascosto qualche sua critica da nordico verso gli italiani del sud.
"E poi… E poi… E poi… Non è che si tratta solo di qualche *pregiudizio*? Ricordati che tuo nonno viene proprio da Roma! Forse non è il caso di essere così duro con questi romani! Anche tu hai sangue romano nelle vene. Ho sentito che i romani, nonostante tutti i loro difetti, sono davvero molto simpatici!", gli ha risposto Rosa.
"Devo ammettere che in principio mi pareva di *impazzire*, Rosa. Ma, col passare dei giorni, mi sono *abituato* a questo stile di vita e ho imparato a prendere anch'io le cose con calma. *Del resto*, che fretta c'è? Tanto lo *stipendio* a fine mese resta sempre uguale! E, come sai, non è neppure molto! Quindi chi me lo fa fare a *farmi in*

quattro? Ti devo dire che alla fine, forse, i romani hanno davvero capito tutto della vita!"

Rosa si è messa a ridere. Ludovico le è mancato sul serio moltissimo. In modo particolare ha sentito la mancanza delle loro cenette e delle loro divertenti e lunghissime *chiacchiere*.

"Ci sono giorni in cui penso sul serio di *trasferirmi* a vivere qui. Ma poi tu e Venezia mi mancate troppo! Quindi penso che tornerò a vivere tra i canali e la *nebbia* veneziani… Un giorno…", ha infine ammesso lui.

"Il tempo è sempre bello a Roma e già questo aiuta a mettere di buon *umore*. Qui non sanno nemmeno cosa sia la *nebbia* veneziana, cara Rosa!", ha poi ancora aggiunto.

Da allora Rosa e Lombardo si sono scritti almeno tre sms al giorno su come sono andate avanti le loro rispettive vite. Si sono anche telefonati quasi ogni sera.

ÜBUNG 33 !

Übung 33: Formulieren Sie die Sätze im Passato Prossimo!

1. Rosa si mette a ridere.

____

2. Vado in Italia per dieci mesi a studiare l'italiano.

____

3. Rosa porta il suo gatto Giuseppe da una vicina.

____

4. Ludovico prende la metropolitana.

____

5. Non andiamo in spiaggia, rimaniamo a casa.

____

6. Quanto dura il colloquio di lavoro?

7. Rosa viaggia in treno.

Insomma, alla fine, la decisione di Lombardo di prendere una pausa dalle sue *frequentazioni* con Rosa non ha funzionato molto. Anzi, la distanza li ha resi ancora più vicini.
Rosa sa però che adesso deve smettere di pensare ai mesi *trascorsi* senza Lombardo. Deve finire di preparare la valigia ed è molto in ritardo! È da tempo che Lombardo è partito e *non vede* davvero *l'ora* di rivederlo!
È appena arrivato un suo sms: "Allora, sei in partenza? Baci!"
Gli ha risposto che lo chiama non appena è sul treno o arriva a Roma, dove però deve incontrare il commissario Carmelo Losanti; quindi non sa a che ora riesce a liberarsi.
Dopo un minuto suona il *cellulare*. "Ludovico", compare sulla finestra del suo telefono.
"Pronto."
"Pronto, Rosa."
"Ludovico, perché mi chiami? Sto preparando la valigia! Sono in terribile ritardo! Ti ho già mandato un sms avvisandoti che ti avrei chiamato dal treno!"
"Non capisco davvero perché non posso venirti a prendere io!"
"Come ben sai, vengo a Roma per lavoro. Lo sai anche tu cosa è successo! Devo incontrarmi al più presto con Losanti, per *indagare* sul caso. Non c'è tempo da perdere. Non possiamo rischiare che magari l'*assassino si allontani* dalla città. Mi hai detto anche tu che speri che troviamo al più presto il *colpevole*!"
"Ti posso portare io direttamente al commissariato da Losanti! Ho

letto i giornali: dicono che sia un uomo molto affascinante. Adesso è di nuovo single, ma è stato per anni insieme a una famosa attrice: Barbara De Rotti. La conosci anche tu, vero? Ha lavorato in una serie di *teleromanzi*. In uno, *fatalità* del caso, aveva il ruolo di un commissario di polizia. 'Il commissario Bozza', ricordi? È stato un vero successo televisivo! Rosa, attenta a non lasciarti affascinare anche tu…"

ÜBUNG 34 !

Übung 34: Wie lautet das Adverb? Setzen Sie ein!

1. diretto	______	4. lento	______
2. probabile	______	5. pigro	______
3. veloce	______	6. sicuro	______

"Ludovico, ti prego, non fare il bambino! E, sopratutto, non farmi ridere. Mi conosci, ormai. Sai che non mi lascio *impressionare* così facilmente!"

"Mah, speriamo… Losanti deve essere anche bravo, oltre che bello! Volevo molto bene a Luisa. Era una brava ragazza. Il suo *assassino* la deve pagare cara!"

"Era strana negli ultimi tempi? Ha avuto problemi con qualcuno? Sai chi può averla uccisa?"

"Luisa era molto bella e intelligente, ma non è mai stata fortunata con gli uomini. Si è confidata con me, perché abbiamo lavorato molto insieme. Di recente ha frequentato un *deputato* che è stato *eletto* proprio durante le ultime *elezioni*. Lo conosci di sicuro anche tu. Si chiama Eugenio Carfetti."

"È di un *partito di* estrema *destra*, mi pare. Il Partito Italica, se ben ricordo. Come Losanti, anche lui ha la *fama* del Don Giovanni."

"In effetti è separato. Non ha ancora *ottenuto* il *divorzio* dalla moglie. So che questo è stato un grande problema per Luisa. Ha *minacciato* di lasciarlo se non l'avesse sposata. Lei voleva avere dei figli e una famiglia. So che Carfetti ha detto a Luisa che la moglie non ha voluto firmare il *divorzio*. La verità, per me, è che lui non ha voluto lasciarla o chiudere completamente con lei. La situazione non è chiara… Di recente, però, Luisa sembrava più serena, perché lui le aveva regalato un *anello di fidanzamento*. Era un anello con un diamante davvero grande! Forse si è deciso, alla fine…"

Übung 35: Ergänzen Sie die Sätze mit dem Congiuntivo Trapassato!

1. Ha minacciato di lasciarlo se non ________________ (sposare – lei).
2. Mi guarda come se non ________________ (vedere – a me) mai ________________.
3. Se non ________________ (partire – io), non sarebbe mai successo.
4. ________________ almeno ________________ (venire – lui) da solo!
5. E se ________________ (andare – noi) a teatro invece che al cinema?
6. Si comporta come se ________________ (vincere – lei) alla lotteria.

ÜBUNG 35 !

7. Se _______________ (venire – tu) in gita con noi, la nonna ne sarebbe stata molto contenta.

"Tu lo credi capace di uccidere? È pure famoso. Non deve essere così stupido da rischiare la sua carriera politica… Anche se non si può mai entrare nella *mente* degli *assassini*. Spesso fanno cose davvero inspiegabili. Cosa ne pensi? Lo conosci, per caso?"
"L'ho visto solo una volta, qui all'università… Purtroppo. È venuto a prendere Luisa e le ha fatto una grande scenata di *gelosia*. L'ha accusata di *tradirlo*. Ha detto che l'ha vista coi suoi occhi con un altro uomo. A me Carfetti, sinceramente, non piace. Se è un *assassino*, però, non lo posso dire…"
"E come è andata a finire poi quel giorno con Luisa?"
"Lei ha negato tutto. E, dopo che lui ha *insistito* sulla sua versione, si è messa a piangere. Mi sono avvicinato e le ho chiesto se voleva aiuto. Mi ha risposto lui, infuriato, e mi ha detto di *farmi i fatti miei*. Ha tirato Luisa per un braccio e ha cercato di *trascinarla* via con sé. Lei è intervenuta e mi ha detto di non preoccuparmi, che tutto era *a posto*! Da parte mia ho cercato di dare un *pugno* a Carfetti proprio sulla fronte!"
"Insomma, Ludovico, sei sempre il solito passionale! E se ti avesse *denunciato*? Inoltre è un *deputato*! Volevi finire in *galera*? Come ti ripeto spesso, è sempre meglio procedere con diplomazia. Dovevi, in caso di necessità, *minacciarlo* di chiamare la polizia…"
"Dovevi esserci, Rosa. Ha trattato Luisa veramente male. Sai che sono un gentiluomo e non sopporto che si alzino le mani su una donna. Un vecchio detto dice che una donna non si deve toccare nemmeno con una rosa! E io sono pienamente d'accordo!"
"Lo so, Ludovico. Per questo mi piaci veramente tanto!"
"Adesso ti lascio andare, altrimenti rischi davvero di perdere il treno!"

Übung 36: Schreiben Sie die Sätze in der Vergangenheit, indem Sie die unterstrichenen Verben in den Congiuntivo Imperfetto, den Congiuntivo Trapassato oder das Condizionale Passato setzen!

ÜBUNG 36 !

1. Crede che tu <u>sia innamorato</u> di lei.

Credeva che tu *fossi innamorato* di lei.

2. Penso che Alessandra <u>sia uscita</u>.

Pensavo che Alessandra ______________________.

3. Rosa crede che Ludovico <u>stia</u> male.

Rosa credeva che Ludovico ______________________ male.

4. Immagino che mio fratello <u>ritornerà</u> dagli Stati Uniti.

Immaginavo che mio fratello ______________________ dagli Stati Uniti.

5. Non vogliamo che <u>paghiate</u> voi il conto.

Non volevamo che ______________________ voi il conto.

6. Non so se la patente <u>sia</u> davvero indispensabile.

Non sapevo se la patente ______________________ davvero indispensabile.

7. Non so se ti <u>denuncerà</u>.

Non sapevo se ti ______________________.

Rosa guarda l'orologio.
"Hai ragione! Si sta facendo veramente tardi!"
"Corri a prepararti, adesso! E, mi raccomando, non dare confiden-

za a nessuno sul treno. Una bella donna come te viene sempre *abbordata* da qualcuno, quando viaggia sola!"
"Non essere ridicolo!"
"Mi raccomando… Comportati bene! Un bacio e ci vediamo dopo!"
"A dopo… E un bacio anche a te!"

ÜBUNG 37

Übung 37: Lesen Sie weiter und finden Sie ein Synonym zu den Wörtern in Klammern!

Rosa mette il *cellulare* nella borsetta, per essere (1. certo) ____________ di non dimenticarlo. Guarda subito dopo, disperata, la (2. stanza) ____________ da letto. Da un po' di tempo (3. la sua casa) ____________ è in una grande confusione. È stata depressa, perché ha sentito la mancanza di Lombardo. Quando è (4. infelice) ____________ non riesce (5. veramente) ____________ a essere ordinata. Così adesso i (6. abbigliamenti) ____________ sono sparsi su tutto il *pavimento*. Deve trovare al più presto quelli che le servono per il suo soggiorno a Roma.

Per fortuna ha lasciato Giuseppe, il suo amato gatto, in una casa al Ghetto. Al Campo del Ghetto Nuovo, dalla sua amica Luciana. Giuseppe, negli ultimi tempi, quasi a volerle fare compagnia, ha dormito sempre con lei, sul letto. Forse ha sentito che le è mancato così tanto Lombardo. O forse Giuseppe sta invecchiando e diventa

semplicemente più pigro. Prima, di solito, la notte era sempre così attivo da disturbare il sonno a Rosa coi suoi *miagolii* e con la sua voglia di giocare.
A Giuseppe piace andare dalla sua amica Luciana. Lei ha una gatta, dagli occhi verdi e dal *pelo fulvo*, di cui Giuseppe è da tempo innamorato. È ridicolo il modo in cui l'*osserva* coi suoi occhi gialli. Nemmeno un essere umano guarda con occhi così innamorati!
Rosa sorride e pensa che di sicuro Giuseppe non soffrirà molto per la sua mancanza, mentre è a Roma. Luciana fa la traduttrice e lavora da casa. Quindi Giuseppe è tutto il giorno in buona compagnia e sta meglio che a casa sua. E, chissà, quando Rosa torna da Roma, magari Giuseppe diventa "papà" di tanti gattini! Rosa ha uno strano *presentimento al riguardo*.
Adesso però ricontrolla di nuovo l'orologio. È veramente tardissimo. Butta tutto a caso nella valigia. Si deve sedere sopra per riuscire a chiuderla.
Mette invece la pistola nella borsetta. Preferisce averla sempre vicina a sé. Con il suo lavoro, non si sa mai…
Prende un taxi, un *motoscafo*, per arrivare più velocemente alla Stazione Santa Lucia. Sale sul treno proprio pochi minuti prima della sua partenza.
È da tempo che Rosa non ha fra le mani un caso così importante ed è nervosa. È normale, dato che *perfino* lei, anche se è così brava a *risolvere* i casi più difficili, è *del resto* un essere umano.
Guarda il numero della prenotazione, che è segnato sul suo biglietto, e cerca il suo posto. Poi si siede vicino al finestrino.
Di fronte c'è un uomo che legge un giornale. Rosa non può fare a meno di ripensare alla fotografia di quella povera ragazza.
Il *volto* sorridente di Luisa Bruschi è stato pubblicato da tutti i *quotidiani*, ed è apparso più volte in televisione al telegiornale. La *fotografia* è stata *scattata* proprio a Venezia, su una motonave. Chissà

perché i giornali, quando muore qualcuno, pubblicano sempre vecchie fotografie. Possibile che non ce ne siano di attuali?

Così Luisa Bruschi, diciottenne, sorride, *apparentemente* molto felice e inconsapevole del suo futuro destino, da tutte le prime pagine dei *quotidiani*. Tutti *sottolineano* che aveva solo trent'anni, quando è stata uccisa. Un'età troppo giovane per morire, pensa Rosa.

Si vuole impegnare a trovare al più presto il suo *assassino*. La deve pagare cara.

ÜBUNG 38 !

Übung 38: Setzen Sie die reflexiven Verben ins Passato Prossimo!

1. Luisa si sente spesso molto sola nella vita.

____

2. Caterina si accorge che qualcosa non va.

____

3. Il bambino si addormenta.

____

4. Il gatto si stira le zampe posteriori.

____

5. Luca si rende conto di non essere preparato per l'esame.

____

6. Laura si guarda davanti allo specchio.

____

Sui giornali Rosa ha letto che Luisa è stata cresciuta solo dalla madre, che è *scomparsa* due anni fa, dopo una lunga malattia. Ha vissuto quindi tutta la sua vita da *orfana*. Non ha mai conosciuto suo padre; per questo Luisa si è sentita spesso molto sola nella vita. Rosa si addormenta, mentre *osserva* il correre via della laguna di Venezia. È stanca. In fondo, nell'ultimo mese, non è riuscita a dormire molto la notte.

Capitolo 3: Roma, "città eterna"

Il commissario Losanti si sistema la giacca. Ha sentito molto parlare di Rosa Nicoletti e vuol darle una buona *impressione*.
Si è messo la *brillantina* su tutti i capelli per tirarli indietro perfettamente. *Indossa* una camicia bianca, a cui ha *abbinato* una giacca sportiva blu scuro, che sta a meraviglia coi jeans. La camicia risalta inoltre sul colorito scuro della sua *carnagione abbronzata*.
Riconosce subito Rosa. L'ha vista una volta su una fotografia del "Corriere della Sera", uno dei *quotidiani* più diffusi, a proposito di un caso su una star hollywoodiana *assassinata*.
Rosa spinge a fatica la valigia verso l'uscita della stazione. Sembra essere abbastanza in difficoltà.
La riempio sempre troppo, pensa tra sé. Possibile che pesi così tanto? In fondo ci ho messo veramente poco dentro…
Losanti la raggiunge da dietro.
"Ha bisogno di aiuto, signorina?"
Rosa non lo vede subito.
"Sì, grazie. Non è una cattiva idea. Mah…"
"Sì, sono il commissario Losanti. Ma diamoci del tu. Chiamami Carmelo."
"Anche tu allora chiamami Rosa."

ÜBUNG 39 !

Übung 39: Wie lautet der Infinitiv der folgenden Verben? Setzen Sie ein!

1. si sistema ______________________
2. ha sentito ______________________
3. si è messo ______________________
4. indossa ______________________
5. ha abbinato ______________________
6. sta a meraviglia ______________________
7. risalta ______________________
8. riconosce ______________________
9. abbiamo bisogno ______________________

Rosa si rende conto che Losanti è proprio come lo descrivono i giornali: davvero un bell'uomo. E pare essere anche un gentiluomo.

Solleva senza alcun problema la sua valigia e le fa segno di seguirlo.

Si dirigono verso il parcheggio e si fermano davanti a una Cinquecento rossa.

"Beh, non è la sola macchina che ho. A casa ho anche una Ferrari, come auto personale. Sai, un regalo che mi sono voluto fare. Mi piacciono molto le auto."

"Ti tratti bene…", risponde Rosa con un certo *fastidio*. Pensa forse di *impressionarla*?

"Ti posso assicurare che comunque questa Cinquecento è l'ideale per il nostro lavoro. Dietro il suo aspetto lento nasconde un motore da turbo, fatto più veloce apposta per la polizia. E poi, essendo così

piccola, va davvero dappertutto", precisa ancora lui.
"Ho sentito dire che vanno anche di moda in molte grandi città, e che sono diventate un pezzo da collezione."
"È vero, non è stata molto economica, alla fine, ma ho convinto il commissariato che era la soluzione giusta… Mi domando solo come facciamo a sistemare la tua valigia gigantesca… Ma una soluzione la troviamo di sicuro!"
Losanti sistema la valigia di Rosa sul sedile posteriore e l'accompagna all'Hotel Adriano.
Rosa si siede un po' scomodamente sul sedile. Sarà anche pratica, ma molto comoda in ogni caso la Cinquecento non lo è.

Übung 40: Setzen Sie die richtige Präposition ein!
(in mezzo, al, per, alle, in (2x), a (2x), nell')

1. Andiamo ________ acqua.
2. Vivono ________ Venezia.
3. Partono ________ Parigi.
4. Ho parcheggiato ________ seconda fila.
5. ________ Antica Roma c'era il Foro Romano.
6. Il vaso di fiori sta bene ________ al tavolo.
7. Ci siamo dati appuntamento ________ tre di pomeriggio.
8. Il mio piatto preferito sono gli spaghetti ________ pomodoro.
9. Ci vediamo ________ Natale.

Losanti la fa entrare da subito nell'intenso traffico e nella vita di Roma. In sequenza: litiga col parcheggiatore *abusivo* per la tariffa da pagare per il posteggio della macchina. Il parcheggiatore cerca di fargli pagare 20 euro per soli cinque minuti di *sosta*! Subito dopo fa una curva e *scansa per un pelo* un camion. Arriva veloce a Piazza Venezia, passando con ben cinque semafori rossi. *Del resto*, qui tutti sembrano fare così. Preferiscono il *clacson* alla luce del semaforo. A un *incrocio* i due per poco non fanno un incidente. "Tu, figlio di…", gli urla il conducente dell'altra autovettura, una Fiat Uno bianca.

Losanti fa con la mano un paio di *corna*.

"*Cornuto* sarai te, *li mortacci tua*!", dice ancora l'altro, con una tipica espressione romana.

"Losanti, non è meglio lasciar perdere?", chiede Rosa, abbastanza *seccata* dall'intera situazione.

Ma è troppo tardi, perché Losanti ha già cominciato a urlare all'altro una serie di *insulti*. Per fortuna il traffico intenso obbliga i due a separarsi. Alla fine la Fiat Uno li *sorpassa* a tutta velocità.

! ÜBUNG 41

Übung 41: Wie lautet das Gegenteil? Ordnen Sie zu!

1. velocità	☐	a) razionalità
2. piacere	☐	b) rigidità
3. bellezza	☐	c) lentezza
4. passione	☐	d) povertà
5. flessibilità	☐	e) modestia
6. ricchezza	☐	f) bruttezza
7. vanità	☐	g) avarizia
8. generosità	☐	h) disgusto

"Dovrei fargli una *multa* per *eccesso di velocità*!", dice Losanti.

"Per favore, Carmelo, cerca di essere professionale! Vuoi fare il *vigile urbano* ora, invece del commissario? Lascia perdere!", gli dice questa volta Rosa.

"Scusa, immagino che per te questo sia un mondo totalmente diverso dalla tua Venezia. Tra canali, gondole e *vaporetti*, là *regna* di sicuro la *quiete*."

"In effetti è proprio un bell'inizio!", risponde Rosa.

"Non è, immagino, il modo migliore per *fare colpo su* una donna bella come te, Rosa. Scusa, mi sono innervosito, ma ti assicuro che sul lavoro ho i *nervi saldissimi*!"

"Speriamo bene...", gli dice Rosa ancora *infastidita*.

"Per farmi perdonare, ti invito a pranzo a Trastevere, così possiamo parlare del caso."

"Vorrei cominciare prima possibile, Carmelo. Ho l'*impressione* che sarà molto difficile trovare il *colpevole*, perché Luisa non sembrava avere molte persone interessate a ucciderla. Potrebbe anche trattarsi di un maniaco!"

"Hai ragione, Rosa. Concentriamoci sul lavoro!"

Arrivano quindi in hotel, passando per una serie di *vicoli* e vicoletti, uno più stretto dell'altro.

"Spero di non averti *spaventato* con la mia guida..."

"Figurati, Carmelo!", gli risponde Rosa. "È che non sono più tanto *abituata* al traffico delle macchine. Sai, a Venezia si va in giro a piedi o in *vaporetto*!"

"*Ti abituerai* presto a Roma, Rosa! È chiamata non a caso caput mundi, 'l'*ombelico* del mondo'! È la 'città eterna', la *culla* della civiltà occidentale e il cuore del Cattolicesimo; 'l'Urbe', ossia la città per eccellenza. Oggi è il centro della vita politica e culturale di tutta Italia. È impossibile non sentire il fascino del potere che vi si esercita. Ti innamorerai della mia città e non ci vorrai più lasciare... Pardon, non la vorrai più lasciare..." Losanti aiuta Rosa con la valigia e, nel dire queste parole, le prende una mano.

Rosa la ritira, ma non è per nulla *infastidita* dal suo *atteggiamento*.
"Salgo un momento a rinfrescarmi… Ci vediamo tra cinque minuti…" dice.
"Se hai bisogno di qualsiasi cosa… Sono *a* tua completa *disposizione*!"
"Ti ringrazio! A dopo, Carmelo!"
"Di niente! A dopo!"

! ÜBUNG 42

Übung 42: Bilden Sie den Konditional der folgenden Sätze!

1. Non voglio cominciare a fare i compiti, ma devo.

____

2. Voglio diventare un medico.

____

3. Non voglio partire.

____

4. Devo telefonare alla mamma.

____

5. Ho bisogno di un po' di riposo.

____

6. Mi piace avere buoni amici.

____

A Rosa hanno dato una stanza all'ultimo piano, con vista sui tetti di Roma.

Appena uscita dalla doccia, sente *squillare* il *cellulare*. È Ludovico Lombardo.

"Ludovico?"

"Rosa! Sei arrivata?"

"Sì, sono qui, ma sono stata con Losanti. Scusa, non ho avuto il tempo di chiamarti!"

"Cominciamo bene…"

"Per favore, Ludovico, non fare il bambino…"

"A che ora ci vediamo?"

"Non lo so ancora… Dipende da come si sviluppano le *indagini*. Ti chiamo più tardi. Scusami, ma ora devo proprio andare."

"Ripeto, cominciamo bene…"

"Per favore, Ludovico. Sono davvero preoccupata per questo caso…"

"A dopo, Rosa."

Übung 43: ***Essere*** *o* ***avere****? Ergänzen Sie die folgenden Sätze mit dem richtigen Hilfsverb!*

ÜBUNG 43 !

1. Rosa ________________ molto preoccupata.

2. Lunedì (io) ________________ uscito presto dal lavoro.

3. Ieri (io) ________________ mangiato una fetta di mela.

4. Luisa ________________ andata ad abitare a Roma.

5. Ieri sera (noi) ________________ invitato Leonardo a cena.

6. Gli atleti ________________ corso per un'ora sotto la pioggia.

7. La mamma mi _______________ sgridato.

8. Quando (tu) _______________ stato l'ultima volta a Roma?

9. Rosa non _______________ avuto il tempo di chiamarlo prima.

Lombardo riattacca senza nemmeno aspettare il saluto di Rosa. Lei è però troppo impegnata a prepararsi: Losanti la sta aspettando di sotto.

Appena scende, se lo trova davanti con una meravigliosa rosa rossa.

"Intanto che ti aspettavo sono andato a prendere un caffè, e ho visto un ragazzo che vendeva rose, passare per strada. Non è delle rose migliori, ma è un gesto per chiedere scusa per prima, in auto. Lo sai che, tra l'altro, hai un bellissimo nome?"

"Carmelo, ma che gentile! Non dovevi, davvero! Ma adesso cominciamo a lavorare."

"Non hai fame? Andiamo a mangiare qualcosa prima."

"Sì, ma velocemente, perché voglio cominciare subito l'*indagine*."

Losanti la fa salire sulla Cinquecento. Stavolta guida più lentamente. Forse per non *fare* ancora una *brutta figura* con lei.

Intanto Rosa *osserva* Roma dal finestrino della macchina. Aveva dimenticato quanto fosse bella.

I monumenti imponenti, i bei palazzi, la *vivacità* della gente per strada e tra i *vicoli*, i caffè e i baretti dove andare a prendere l'aperitivo…

"Ti vedo entusiasta, Rosa. Ti piace la mia città, vero?"

"Era da un po' di tempo che non ci venivo. Non me la ricordavo così bella."

"O forse non sarà la mia compagnia? Spero di farmi perdonare per la *brutta figura* di prima."

"Non preoccuparti. *È acqua passata*."

Übung 44: Welches ist die richtige Bedeutung? Kreuzen Sie an!

1. È acqua passata.
   a) ☐ È una cosa dimenticata.
   b) ☐ È una cosa da ricordare.

2. Acqua in bocca!
   a) ☐ Non dire niente!
   b) ☐ Annega!

3. Fa acqua da tutte le parti!
   a) ☐ Sta perdendo acqua.
   b) ☐ Non regge, non funziona.

4. Ne è passata di acqua sotto i ponti.
   a) ☐ Abbiamo lavato i ponti.
   b) ☐ È passato tanto tempo. Sono successe tante cose da allora.

"Ti ricordi come è nata Roma e da dove viene il suo nome?"
"Certo, dai fratelli Romolo e Remo. Ma raccontami di nuovo questa leggenda. È piacevole sentirla dalle parole di un romano."
Rosa si accomoda meglio sul sedile, per ascoltare la storia.
"La *Vestale* Rea Silvia era *discendente* di Enea, l'eroe troiano figlio di Venere e Anchise. *Generò* i *gemelli* Romolo e Remo col dio Marte. Gettati nel Tevere da uno zio, vennero salvati e nutriti da una *lupa*."
"Ah sì, ricordo ancora la foto sul libro di scuola della famosa scultura della *lupa* che *allatta* i *gemelli*...", lo interrompe Rosa.
"Romolo fonda Roma il 21 aprile del 753 a.C. e uccide il fratello Remo. Accoglie delinquenti ed avventurieri e poi, con *il ratto delle*

Sabine, procura loro le spose e le donne. Popola così la città che diventerà Roma. Dopo di lui, *regnano* sei re."

"Anche questa è una storia drammatica, proprio come il caso su cui dobbiamo *indagare*."

"Sempre con la testa sul lavoro tu, eh?"

"Voglio andare già oggi ai Fori Romani, subito dopo aver mangiato. Preferisco vedere subito il luogo del delitto."

"A proposito, ti ho portato delle fotografie del corpo della ragazza al momento del suo *ritrovamento*. Guarda, puoi prenderle tu stessa: sono nel *cruscotto* della macchina."

Rosa apre il *cruscotto*, dentro cui nota anche la pistola di Losanti. Lei invece tiene la sua nella borsetta, come sempre. Le fotografie sono in una grande busta bianca di carta.

"Povera ragazza!" dice Rosa, non appena *osserva* ad una ad una le grandi fotografie in bianco e nero.

"È *ricoperta* di *graffi*. Vuol dire che ha lottato molto per la vita."

"Era una ragazza *in gamba*, *del resto*. Una ragazza a cui piaceva molto la vita."

"Così sembra da quello che raccontano i suoi amici… Come si vede dai segni sul collo, è evidente che è stata *strangolata*. Non abbiamo però trovato *impronte digitali*, né altro: né capelli del suo *assassino*, né *tracce* della sua pelle o del tessuto di ciò che *indossava*. È per questo che sono molto preoccupato. *Annaspiamo nel buio.* Non sappiamo davvero chi la possa avere uccisa."

ÜBUNG 45 !

Übung 45: Formulieren Sie die Sätze im Passiv!

1. Luigi ha comperato il libro.

2. Ho mangiato una banana.

3. Enzo ha comperato un vestito e un paio di pantaloni.

4. Giacomo Leopardi ha scritto molte bellissime poesie.

5. Bruto ha ucciso l'imperatore Cesare.

6. Una lupa ha allevato Romolo e Remo.

Rosa abbassa ancora gli occhi sulla fotografia. *Osserva* Luisa Bruschi ed è subito colta da un *brivido*.
"E il fidanzato, Carfetti… L'hai già sentito?" chiede a Losanti.
"Purtroppo ha un *alibi di ferro*. Ha *trascorso* la serata a cena insieme a degli altri suoi amici politici e… a una donna."
"Una donna?! Un'altra donna?"
"No,… sua moglie. La moglie ha *testimoniato* che dopo cena è tornato a casa da lei e che… hanno passato la notte insieme. Una notte di passione insieme."
"Stai parlando sul serio? Ma, scusa, non stavano *divorziando*?"
"Pare proprio di no, alla fine."
Rosa si sente prendere lo *stomaco* da un senso di rabbia.
"Ho una brutta sensazione, Carmelo. Domani mattina, all'ora della colazione, li voglio sentire."
"Sarà meglio avvisarli, allora…"
"No, facciamo loro una sorpresa. Le sorprese sono sempre il

mezzo migliore per arrivare a un buon risultato. Ma siamo arrivati? Vedo che stai parcheggiando."

"Speriamo bene... Carfetti è un politico molto importante. È un *deputato* ed è stato appena *eletto*. Se vuole, può crearci seri problemi", *sottolinea* Losanti, mentre parcheggia nello spazio stretto tra due auto, a fianco del marciapiede.

"Dai la colpa a me, la veneziana. Così tu ti salvi la faccia!"

"Non è questo, Rosa..."

"Sempre diplomatici, voi romani.... *Del resto* siete maestri in politica: il Governo e il Parlamento hanno sede proprio qui, come il *Papa*. Qui è d'obbligo imparare sin da bambini a muoversi con *cautela*!"

ÜBUNG 46 !

Übung 46: Setzen Sie die richtige Präposition ein!

1. Imparare ______ muoversi con cautela.
2. È bene tentare sempre ______ migliorare.
3. Fingere ______ non essere rimasto male.
4. Cercare ______ scoprire l'assassino di Luisa.
5. Muoversi ______ la casa in cerca di qualcosa.
6. Viaggiare ______ il mondo.
7. Credere ______ essere un'altra persona.
8. Imparare ______ comportarsi.
9. Piangere ______ il dolore.

Rosa scende dalla macchina di Losanti *sbattendo* la portiera dietro di sé. La povera Cinquecento, che non è proprio nuova,

per poco non perde la portiera direttamente per strada…
"Che caratterino!" pensa tra sé Losanti.
Eppure Rosa gli piace. Ha un non so che di nordico, coi capelli rosso fuoco e con la pelle dalla *carnagione* chiarissima, che tanto piace ai romani, ma in genere anche agli uomini nordici. Deve avere il fuoco addosso.
La *osserva* con gli occhi nerissimi e la fissa profondamente negli occhi. Rosa lo nota e *si imbarazza*, anche se Losanti le piace come uomo. Si sente *attratta* da lui.
Subito viene *travolta* dalla vita dello splendido *quartiere* di Trastevere. Per le vie ci sono osterie e trattorie tipiche, negozi di *artigiani*, bar e pub. C'è un'atmosfera davvero *frizzante* e, al tempo stesso, quasi da paese, fuori dal grande caos del centro.
Raggiungono il loro ristorante, una tipica enoteca, in Piazza Trilussa. L'ambiente è moderno e informale, e vi si trova un wine bar, un angolo dedicato alla gastronomia e un ristorante.
"Questa enoteca è un ex *convento*, ed è gestito da due sorelle. Lina è sommelière: ha raccolto ben 850 vini diversi. Maria è invece un'ottima cuoca. Ho pensato di portarti qui per farti gustare da subito qualcosa di buono! Da come ti muovi nella vita, mi sembri una *buongustaia*. Sei di sicuro una donna che si sa godere i piaceri della vita!", spiega Losanti.
Rosa *arrossisce*.
"In parte, Carmelo. In parte", gli risponde.
"Se mi frequenti, cara Rosa, imparerai a goderteli al massimo, i piaceri della vita", dice lui.

Übung 47: Setzen Sie den richtigen bestimmten Artikel ein!

ÜBUNG 47 !

1. ______ cuoco
2. ______ vino
3. ______ piacere
4. ______ angolo

5. ______ convento

6. ______ vini

7. ______ vita

8. ______ gnocchi

9. ______ gnomo

10. ______ gastronomia

Rosa *arrossisce* di nuovo, ma stavolta è *infastidita*. La compagnia di Carmelo le piace, ma non vuol cadere nella sua trappola…
Losanti legge nei suoi occhi l'*imbarazzo* e cambia argomento.
"Ho pensato di ordinare una serie di *stuzzichini*: pezzi di pizza, salumi, prosciutto e olive, polenta *abbrustolita*… So che non abbiamo molto tempo, ma hai bisogno di mangiare. Si lavora meglio con la *pancia* piena."
Rosa ringrazia ma preferisce parlare da subito di lavoro. *Rifiuta* anche il vino. Chiede solo acqua. Vuole avere la *mente* lucida per lavorare al caso.
"Ho sentito che Luisa Bruschi accompagnava gruppi di turisti, *per lo più* stranieri, in giro per Roma. Da domani voglio *ripercorrere* tutti i suoi *itinerari*. Mi posso anche far accompagnare da un mio amico, un professore di storia. È veneziano, ma vive e lavora qui da qualche tempo ormai, quindi dovrebbe conoscere abbastanza bene la città…", gli racconta.
"Non quanto me, comunque… Vuoi già liberarti di me?"
"No, credo solo che se ci dividiamo i compiti, riusciamo magari a lavorare meglio."
"Io *ripercorro* con Lombardo, il mio amico, gli *itinerari* di Luisa. Tu, nel frattempo, fai domande in giro e alle altre *guide turistiche*. Così possiamo scoprire di più su Luisa."
"Hai ragione, è davvero una buona idea. Ma chi è Lombardo? Ci possiamo fidare? E poi, lavorerà gratis al caso?"
"È un mio amico, fidati. Mi ha aiutato altre volte."
"Se lo dici tu… Cameriere! Ci porta il conto, per favore?"

Übung 48: Welche Wörter passen zusammen? Ordnen Sie zu!

1. un pezzo di	☐	a) soldi
2. una fila di	☐	b) pizza
3. uno stormo di	☐	c) scarpe
4. un mucchio di	☐	d) gabbiani
5. un sacco di	☐	e) persone
6. un paio di	☐	f) libri
7. una pila di	☐	g) gente
8. un gruppo di	☐	h) patate

Losanti paga il conto alla cassa. Poi insegue Rosa che è già di fronte alla macchina. Ha di sicuro molta voglia di lavorare da subito al caso.

"Ok, al Foro Romano, allora!", dice Rosa non appena Losanti si mette al *volante*.

"*Caspita*, Rosa! Hai davvero il fuoco nelle vene!", le ripete.

Rosa sorride soddisfatta. Abbassa un po' il finestrino e si gode il leggero vento romano.

"Ti racconto anche in questo caso un po' di storia. Il Foro Romano è stato per secoli il centro della vita pubblica della Roma antica. In ogni città romana c'era un foro come centro della vita politica, economica, culturale e religiosa, ma il Foro Romano era il più grande. In origine era una valle, più precisamente una *palude*, tra i colli Capitolino, Palatino, Viminale e Quirinale. In seguito è stata *prosciugata* e trasformata in terreno stabile con la creazione della Cloaca Massima. Il Foro è diventato invece il cuore commerciale, giuridico, religioso e politico della città con il *sorgervi* di monumenti, templi, basiliche. Dopo che la sua popolazione è aumentata, gli *imperatori* romani hanno dovuto costruire più a nord i nuovi Fori Imperiali. Così il vecchio Foro ha perso la sua importanza.

Danneggiato da un incendio e restaurato dall'*imperatore* Diocleziano, è stato in seguito quasi distrutto dai *terremoti* e dai barbari. Durante il *Medioevo* i baroni romani hanno poi trasformato alcuni suoi edifici in chiese o *fortezze*. Il suo terreno circostante era diventato *pascolo* e *cava di pietre* da costruzione. Gli *scavi* che hanno riportato il vecchio Foro al suo attuale stato sono cominciati nel '700, per andare avanti fino ai giorni nostri!"

! ÜBUNG 49

Übung 49: Passato Prossimo oder Imperfetto? Setzen Sie ein!

1. Il Foro Romano al tempo dei baroni romani ____________________ (essere) un pascolo e una cava.

2. Ieri sera ____________________ (io – leggere) un romanzo giallo.

3. Questa mattina ____________________ (io – svegliarsi) molto presto.

4. Ludovico ____________________ (partire) la scorsa settimana per Roma.

5. Oggi ____________________ (io – incontrare) la tua insegnante.

6. Ieri ____________________ (io – dover finire) il lavoro di Luigi.

7. Ieri sera ____________________ (io – letto) in due ore tutta la rivista.

8. Non ____________________ (io – vedere) mia madre da dieci anni.

"Carmelo, sono *impressionata* dalle tue conoscenze di storia!", gli dice Rosa, davvero affascinata.
"*Sono* anche *un appassionato di* archeologia, io. È uno dei miei hobby, insieme alla musica."
"Suoni qualche strumento?"

"Il sabato sera suono la chitarra in un gruppo con gli amici, ma non siamo professionisti. *Ci esibiamo* in diversi locali di Roma al Testaccio. Lo conosci? È il *quartiere* del divertimento qui in città. Ci sono tantissimi locali, club e ristoranti, uno dietro l'altro. Ti ci porto stasera a cena."

"Per cena dovrei incontrarmi con Ludovico…"

"Ah, sì, quel tuo amico. Ma non volevi lavorare al caso? Non è meglio che ceni con me quindi, così ne parliamo?"

"Hai ragione. Mando un sms a Ludovico."

"Più tardi, Rosa. Guarda, siamo arrivati."

Losanti parcheggia la macchina sul marciapiede in *divieto di sosta*. Non c'è però altra alternativa. Il traffico è davvero *insopportabile* a quell'ora del giorno.

Losanti e Rosa prendono la via del Campidoglio e scendono sul fianco destro del palazzo Senatorio. Raggiungono in questo modo una terrazza che offre un panorama su tutto il Foro.

Scendono poi per la via del tempio di Giove e per la via del Foro Romano. Accanto si nota il *portico* degli Dei Consenti dove si trovavano, a due a due, le statue delle divinità maggiori dell'Olimpo romano, il mondo degli dei. Rosa resta affascinata dalle *colonne corinzie* del tempio di Vespasiano dell'81 d.C., e di quel che resta del tempio della Concordia.

Il *guardiano* li fa entrare senza alcun problema. Conosce molto bene Losanti. L'ha già visto diverse volte da quando è stato *ritrovato* il cadavere di Luisa.

Übung 50: Setzen Sie die richtigen Pronomen ein!

ÜBUNG 50 !

1. ______ (loro) fa entrare.

2. ______ (a te) telefono domani.

3. ______ (a me) hanno prestato il vestito da sera.

4. Luigi è molto distratto e ______ hanno rubato il portafoglio.

5. La bambina è sazia, ______ ha dato da mangiare poco fa.

6. "Hai portato a dormire i ragazzi?"

   "Sì, ______ ho lasciati in camera da letto poco fa."

7. ______ (a voi) ho fatto una domanda!

8. Mariella è molto buona, ______ voglio molto bene.

9. Signore, ______ posso essere utile?

10. ______ (a voi) è piaciuto il film?

"Che peccato! Era una così brava ragazza!", dice a Rosa, ancora con le lacrime agli occhi.
"L'ho sentito dire più volte in questi giorni. Le assicuro che prenderemo il suo *assassino*!", risponde lei.
Rosa e Losanti passano ore e ore a *ispezionare* il Foro Romano. Passano per la Curia, che era la sede del Senato e che fu fondata dal re Tullio Ostilio. Al momento però è solo un edificio di *mattoni*. Controllano anche tutta l'area intorno all'Arco di Settimio Severo, che è uno dei più grandiosi archi romani.
Rosa si sente triste, circondata da tante bellissime *rovine* e segni del passato. Pensa sia davvero brutto che Luisa sia stata uccisa in un luogo tanto magico.
Al Tempio di Saturno le pare di vedere qualcosa, ma è solo un po' d'erba che *spunta* tra le pietre.
Quando si avvicinano al Tempio dei Dioscuri, Losanti le racconta una storia. Questa costruzione, del 484 a.C., era dedicata ai Dioscuri, Castore e Polluce. Secondo la leggenda, comparirono a

combattere al fianco dei Romani nella battaglia del lago Regillo contro i Latini.
Dall'Arco di Tito, che si trova sul punto più alto della Sacra Via, Rosa e Losanti *osservano* tutto il Foro. È bellissimo, in tutta la sua grandiosità. Tornano poi alla Casa delle *Vestali*. Losanti mostra a Rosa il punto esatto del *ritrovamento* del cadavere.

Übung 51: Wie lautet das dazugehörige Substantiv? Setzen Sie ein!

1. bellissimo ______________________
2. grandissimo ______________________
3. altissimo ______________________
4. magrissimo ______________________
5. rotondissimo ______________________
6. leggerissimo ______________________

"Niente di niente, caro Carmelo", sospira Rosa molto stanca.
"Ho esaminato e controllato quasi ogni *sasso* e ogni pietra, ma non ci sono *tracce*", aggiunge poco dopo.
"Lo so, Rosa. Abbiamo controllato anche il colle del Palatino dove, secondo la tradizione, nel 754 a.C. Romolo fondò la "Roma quadrata", e che durante il periodo imperiale fu la sede ufficiale degli *imperatori*. Abbiamo *ispezionato* il parco, gli Orti Farnesiani, la Casa di Livia, il Palazzo dei Flavi e *perfino* i *sotterranei*, la Domus Augustana, lo Stadio, dove un tempo avevano luogo gare e festeggiamenti… Purtroppo non c'è *traccia* dell'*assassino* della povera Luisa."
Rosa e Losanti vanno negli Orti Farnesiani. Respirano il profumo

dei fiori, mentre gli occhi ammirano il verde di questo bel giardino all'italiana. Notano poi alcune *rovine*, quel che resta del tempio di Cibele. Non trovano però proprio nulla. A quest'ora è anche abbastanza tranquillo. Non c'è molta gente in giro.
Rosa fa qualche domanda a un *operatore ecologico*, che raccoglie in un sacchetto di plastica nero alcune foglie e rifiuti. Ma niente. Nemmeno lui si ricorda di Luisa.
"Mi fido della polizia di Roma e di te, ma volevo in ogni caso ricontrollare. A volte, possono sfuggire dei particolari...", precisa Rosa a Losanti.
Alla fine Rosa vuole ritornare nel punto esatto in cui è stata *ritrovata* Luisa. *Confronta* il luogo con le fotografie.

ÜBUNG 52 !

Übung 52: Wie lautet das Imperfekt der folgenden Wörter? Setzen Sie ein!

1. ha fondato ______________ 5. sta ______________
2. legge ______________ 6. incontriamo ______________
3. scrive ______________ 7. piangono ______________
4. confronta ______________ 8. arrivo ______________

Nel frattempo su Roma sta scendendo la sera. Rosa pensa che Luisa è stata *assassinata* verso il tramonto, proprio a quell'ora.
"Vieni, Rosa. Facciamo una pausa. Ti porto a mangiare in un locale al Testaccio, come promesso."
"Ma Carmelo, non pensi ad altro che a mangiare qui a Roma?"
"Ormai sta *calando* il buio. Meglio ricominciare a lavorare domani, con la *mente* fresca."

"Hai ragione… Mando solo un sms a Ludovico."
Rosa *si allontana* da Losanti, mentre ritornano insieme alla macchina. *Digita* sul *cellulare*: "Caro Ludo, ti chiamo quando ritorno in albergo. Stasera devo purtroppo lavorare. Hai tempo di incontrarmi domani mattina per le 10.30 a Piazza Venezia, davanti al Palazzo Venezia? Ho bisogno che tu venga con me in giro per Roma. Ti racconto poi. Baci!"
Salgono in Cinquecento e arriva subito la pronta risposta di Lombardo.
"Cara Rosa, per domani ok. Si tratta davvero di lavoro? Spero di sì… *Non vedo l'ora* di vederti! Peccato per stasera. Un bacio."
"Il tuo amico è veloce nel rispondere" commenta Losanti. "Ma è davvero solo un amico?"
"Sì, è solo un buon amico," risponde Rosa *seccata*.
"Scusa la mia domanda indiscreta. Non volevo *intromettermi* nella tua vita privata."
Non appena arrivano al Testaccio con la macchina trovano subito un grande traffico.
"Di giorno il punto d'attrazione di questa zona è il mercato della frutta e della verdura, ma di sera è la scena notturna la vera protagonista, con tantissimi club, bar e ristoranti. Vedi Rosa, lì, lungo la via di Monte di Testaccio si trovano club, bar, caffè, ristoranti e locali. Alcuni sono anche molto originali e alla moda, con arredi orientali o con musica latina, elettronica, jazz, funky, reggae, house… La domenica c'è *perfino* un *mercato delle pulci* in stile anni '70. Sono tutti dentro il Monte dei *Cocci*, così chiamato per i pezzi di vasi antichi di terracotta, che vedi ancora alle pareti dei locali. Hai voglia di musica e di ballare un po', o preferisci qualcosa di più tranquillo?"
"Carmelo, stiamo lavorando a un caso! Non ci sono indizi, per di più sono arrivata oggi da Venezia e sono molto stanca. Preferisco

qualcosa di più tranquillo. Non possiamo andare in una trattoria tipica? Così parliamo meglio di lavoro."

"Hai ragione, Rosa. Sono contento che anche tu sia stanca. Avevo pensato di venire qui in principio, ma poi mi sono reso conto che anch'io ho voglia di un ristorante più tranquillo."

ÜBUNG 53 !

Übung 53: Ergänzen Sie mit den passenden Adverbien!
(ieri, più, oggi, troppo, molto bene, nel frattempo, bene, attentamente)

1. ________________ ho finito di cucinare.
2. ________________ ho compiuto gli anni.
3. ________________ vado a trovare la nonna.
4. L'esame era ________________ difficile.
5. Speriamo che vada tutto ________________.
6. Non tocca ________________ una sigaretta da un anno.
7. Ho controllato ________________ che fosse tutto a posto.
8. Lo conosco ________________ ormai.

Losanti cambia la direzione di marcia della macchina e *si dirige* da Sora Lella, un ristorante tipico e tradizionale, in via di Ponte Quattro Capi 16, tra Trastevere e il Ghetto.

"Ma cosa fai, Carmelo?"

"Cerco di soddisfare la volontà di una bellissima donna!"

Rosa *arrossisce*, ma lo guarda affascinata.

In quel momento arriva un sms: "Allora, come procede la serata? Tutto bene? Baci! Ludo."

"È quel tuo amico, vero?"
"Sì, è ancora lui. Si preoccupa per me. Gli rispondo fra un minuto che è tutto ok."
"Rispondigli adesso, perché poi nel ristorante non gradiscono molto i *cellulari*. Ti consiglio di spegnerlo quando andiamo a cena."
Rosa risponde a Lombardo e poi spegne il *cellulare*. Non vuole essere disturbata durante la cena. Losanti le piace. Inoltre ha come la sensazione che Lombardo voglia telefonarle. Meglio quindi spegnere il telefono. È *imbarazzante* dover rispondere durante la cena.

Übung 54: Setzen Sie die Verben in Klammern in die richtige Konjunktivform!

1. Ho paura che mi ________________ (volere) telefonare.
2. Temo che nostro figlio non ________________ (stare) ancora bene.
3. Immagino che tua madre ________________ (arrivare) domani.
4. Temo che ti ________________ (mostrare) cosa è capace di fare.
5. Pensavamo che ________________ (essere) una buona occasione.
6. Pare che Luigi ________________ (avere) davanti a sé una grande carriera.
7. Dicono che Andrea ________________ (diventare) senatore.
8. Non voglio che tu ________________ (uscire) con quel ragazzo.

Parcheggiano l'auto in un *vicolo* e camminano lungo il Tevere fino all'Isola Tiberina. Losanti le racconta ancora di qualche particolare delle sue *indagini*. Ha scoperto, tra l'altro, che Luisa è stata cresciuta dalla madre, veneziana. Il padre è rimasto sempre sconosciuto.

"Luisa ha fatto una *ricerca* un anno fa. Voleva scoprire chi era suo padre, ma non ha trovato nulla. Almeno così mi ha detto l'investigatore privato che aveva pagato", spiega a Rosa.

All'entrata del ristorante Losanti viene accolto come un grande amico.

"Carmelo, ma chi si rivede!", gli dice un cameriere.

Li sistema subito in un tavolo con una vista spettacolare su Roma.

"Rosa, ti piace qui?"

"È davvero bellissimo!"

"Sora Lella era la sorella del famoso attore Aldo Fabrizi. Te lo ricordi?"

"Sì, ha fatto molti film del neorealismo e anche 'Roma città aperta' di Roberto Rossellini, del 1945."

"Sua sorella era una cuoca eccellente e, ogni tanto, ha anche recitato. Più tardi la gestione del ristorante è passata a suo figlio Aldo Trabalaza. Il ristorante si trova dentro una torre *medievale*. È uno dei migliori a Roma ed è anche un posto romanticissimo."

Losanti guarda Rosa fisso negli occhi e le prende la mano. Lei si innervosisce, ma non *allontana* la sua mano.

"Cosa mi consigli di prendere, Carmelo?"

"I *tonnarelli alla cuccagna* sono eccellenti. Sono preparati con la pancetta e le noci. E, come secondo, un piatto classico è il maialino in *agrodolce* Antica Roma."

"Ok, mi fido di te…"

"Allora ordino come dessert anche la torta di ricotta *ricoperta* di cioccolato amaro. È una specialità di Aldo. Vedrai che ti piacerà."

"Grazie, ma davvero non dovevi…"

"Il piacere è tutto mio, Rosa!"

Übung 55: Ordnen Sie die Satzteile richtig zu!

1. Vedrai che	☐	a) ti verrò a trovare.
2. Non appena avrò tempo	☐	b) ti farò davvero una bella sorpresa.
3. Appena avrai letto il giornale	☐	c) finché non avrai provato di persona.
4. Non capirai cosa significa	☐	d) finché continuerai a giocare con lui.
5. Il bambino non vorrà mangiare	☐	e) dopo che avrai finito di vedere il film.
6. Parleremo	☐	f) faremo colazione.

Losanti e Rosa si godono una magnifica cena. Losanti le racconta di Roma e del suo lavoro al commissariato. Rosa gli narra alcuni episodi della sua vita a Venezia.
Alla fine della serata sono entrambi un pochino *ubriachi*. Rosa nota che Losanti guida più lento, con *cautela*.
La riaccompagna all'albergo verso l'una del mattino.
"Oh, Carmelo… Domani per le otto precise voglio essere a casa di Carfetti. È tardissimo! Devo andare subito a dormire…", dice lei abbastanza confusa dai *fumi dell'alcool*.
"Questi sono i ritmi di Roma… Sono sicuro che ti abituerai presto, Rosa! Grazie, è stata una bellissima serata!"
Losanti si avvicina a Rosa e fa per baciarla. Lei si sposta e scende veloce dalla macchina.
"Mi dispiace, Carmelo. Anche per me è stata una bellissima serata, ma siamo colleghi di lavoro. Non mi sembra proprio il caso…"
Losanti riesce a prenderle una mano.

"Non ti preoccupare, Rosa. Capisco. Ti passo a prendere domani, alle otto in punto! Vedrai che puoi contare su di me."
"Buonanotte, Carmelo."
"Buonanotte, Rosa, e a domani."

ÜBUNG 56 !

Übung 56: Lesen Sie weiter und setzen Sie die richtige Präposition in die Lücken ein!

Rosa *osserva* la Cinquecento *allontanarsi*. Subito pensa a Lombardo e, come (1.) _____ istinto, accende il *cellulare*.

Non appena sale (2.) _____ camera, vede che ci sono sette chiamate senza risposta, tutte (3.) _____ Ludovico, e tre sms: "Dove sei?"; "Insomma, dove sei? Perché non rispondi?"; "Rosa, sono preoccupato!"

Gli risponde (4.) _____ un sms. Pensa che ormai sarà andato (5.) _____ dormire.

"Sono tornata. Tutto ok. Sono molto stanca (6.). _____ domani."

Dopo un minuto arriva una risposta (7.) _____ Lombardo, ma Rosa si è buttata (8.) _____ letto. Si è già quasi addormentata.

"Hai ragione. In fondo è la tua vita. Buonanotte. Ludo."

Mentre si addormenta Rosa sente come un senso (9.) _____ colpa. È però troppo stanca e confusa dall'alcool per pensare. L'indomani e per tutta l'indagine si promette (10.) _____ bere solo acqua.

Capitolo 4: In amore e in politica tutto è concesso

Rosa si sveglia con un grande mal di testa.
"Questa dolce vita romana non fa proprio per me!", pensa, anche se deve ammettere che è da tempo che non si è divertita così tanto.
Controlla il *cellulare* e vede che Lombardo non le ha più scritto. In ogni caso si devono incontrare più tardi, quindi avrà tutto il tempo di dargli una spiegazione.
Guarda invece l'orologio: sono già le 7.30! Per fortuna, prima di salire in camera la notte scorsa, ha messo la sveglia.
Si butta sotto la doccia fredda e fa qualche esercizio di yoga per risvegliare i muscoli.
Indossa un paio di jeans neri e una camicetta, pure elasticizzata, rossa, che le segna le forme del seno e della *vita* sottile.
Scende poi nella hall, dove Losanti la sta già aspettando.
"Carmelo, mi stupisci! Sei davvero puntuale!"
"Cara Rosa, sono un uomo pieno di sorprese, io! Ma hai già fatto colazione?"
"No, ma preferisco andare subito da Carfetti."
"Me lo immaginavo, così ti ho comperato due *cornetti*, uno con la crema e uno con la marmellata. Prendiamo però almeno un caffè!"
Rosa e Losanti bevono velocemente un espresso al bar dell'albergo. Poi si muovono veloci verso la macchina.

Übung 57: Schreiben Sie die Sätze erneut und setzen Sie die Modalverben ins Passato Prossimo!

1. Rosa deve scendere a raggiungere Losanti.

....

2. Devo andare a fare la spesa.

---

3. Posso aiutarti.

---

4. I miei amici vogliono venire a trovarmi.

---

5. Rosa deve prendere il treno.

---

6. Angela vuole andare al cinema.

Carfetti abita in una villa sull'Appia Antica. Al cancello vengono accolti da un paio di *pastori tedeschi* cattivissimi.
Suonano il campanello. Non risponde nessuno, ma arriva una cameriera filippina. *Allontana* i cani e chiede loro cosa desiderano. Quando sente che sono della polizia li guarda *spaventata*.
"Il mio permesso di lavoro è in regola...", dice subito.
"Non siamo qui per Lei, non si preoccupi. Vogliamo parlare con il signor Carfetti", la rassicura Rosa.
"Rosi, falli entrare", urla dal giardino la voce isterica di una donna. È la moglie di Carfetti, *ovvero* la signora Eleonora Gismondi, una nobildonna romana.
Losanti ha raccontato a Rosa, in macchina, che si dice che Carfetti l'abbia sposata più per i suoi soldi e per le sue conoscenze, che l'hanno aiutato ad entrare in certi ambienti e nel mondo della politica, piuttosto che per amore.

Bionda, dalla pelle *abbronzata* e *bruciata* dalla *lampada*, la signora Carfetti è una splendida cinquantenne. Ha un corpo ancora *snello* e magro nonostante l'età. Ha una voce *roca* e profonda e una brutta *tosse*, segno che è una grande fumatrice.
Apre il cancello elettrico, mentre Rosi *allontana* i cani.
"Rosi, per favore, non essere stupida. Tieni i cani, e prendili per il *collare* se non ti *ubbidiscono*", urla contro la cameriera.
"Ma signora, sono grossi...", risponde la povera ragazza in un italiano non proprio perfetto.
"Rodolfo e Cherubino, Fuß! Venite qui da mammina!", ordina la Carfetti.
In quel momento i cani smettono di stare intorno a Rosa e Losanti. Si erano avvicinati a loro, *scodinzolando* non appena avevano visto che la loro padrona li faceva entrare. Poi raggiungono la Carfetti e si siedono in posizione di riposo, sulla *pancia*.

Übung 58: Setzen Sie die Verben in Klammern ins Gerundium!

1. I cani si sono avvicinati a Losanti e Rosa (scondinzolare) ________________.
2. Stavo (leggere) ________________ un libro, quando è entrato Luigi.
3. (passare) ________________ per il centro arriverai prima all'aeroporto.
4. Mentre parlava mi sono accorta che stava (mentire) ________________.

5. (vedere lui) ______________________ giocare a calcio ho capito che sarebbe diventato un campione.
6. Non (avere) ______________________ il tuo numero di telefono ho chiamato tua madre per farmelo dare.
7. (organizzarsi – tu) ______________________ riuscirai di sicuro a superare l'esame.

"Piacere, sono Eleonora!", dice la Carfetti. Porge a Rosa una mano *ricoperta* di anelli di diamanti e pietre preziose. *Indossa* una *vestaglia* di seta rossa, sopra una camicia da notte bianco latte. Al collo ha un grosso *ciondolo* con un rubino.
Rosa abbassa lo sguardo. È talmente grande che non può fare a meno di notarlo.
"Sta guardando questo, mia cara? È un regalo di mio marito. Ogni volta che litighiamo va a finire che mi porta un *gioiello* in segno di *riconciliazione*. Questo è dell'Ottocento!"
"Allora, Le conviene litigare…"
"Lei è una volpe, signora… Non mi ha ancora detto il Suo nome, però…"
"Rosa, mi chiamo Rosa. Questo è invece Carmelo Losanti, commissario della polizia di Roma."
In quel momento Carfetti raggiunge la moglie. Ha in mano un cappuccino.
Il suo viso fa una *smorfia*. Si vede che è chiaramente *seccato*.
"Signor Losanti! Abbiamo già parlato qualche giorno fa, se non mi sbaglio…"
"È a proposito di quella povera ragazza, Eugeniuccio mio?"
"Sì, tesoro. Credo purtroppo di sì."

Rosa e Losanti a questo punto si guardano senza parole. Dopo uno sguardo d'intesa è Rosa a *rompere il ghiaccio*.
"Scusi, Eleonora, ma Lei quindi sa di Luisa e Suo marito?"
"Certo. Io e mio marito non abbiamo segreti. Abbiamo le nostre debolezze, così ci può capitare di avere un'avventura, ma alla fine rimaniamo sempre insieme."
"Davvero? Ma mi è stato detto che Suo marito faceva sul serio con Luisa e che stava pensando al *divorzio*."

*Übung 59: Beantworten Sie die Fragen, indem Sie das Verb in die passende Zeit der Verlaufsform **stare** + Gerundium setzen!*

1. Cosa fate?

_______________________________ (fare i compiti)

2. Bambini, dove andate a giocare?

_______________________________ (andare a giocare in giardino)

3. Dov'eri ieri sera quando ti ho telefonato?

_______________________________ (fare una doccia)

4. Cosa fanno Luigi e Maria?

_______________________________ (studiare in biblioteca)

5. Cosa sta facendo la nonna?

_______________________________ (preparare una torta)

6. Mi hai mandato l'e-mail?

______________________________ (scrivendo adesso)

La signora Carfetti si avvicina a Rosa e le mette una mano su una spalla. La *allontana* dai due uomini e la *trascina* sotto il *portico*.
"Cara Rosa, Lei mi sembra una donna *in gamba*. Non ha ancora capito come funzionano le cose nella vita? Mio marito non lascerà mai la famiglia. Per nessuna donna o per nessun'altro motivo. Inoltre sa bene che non gli permetterei mai il *divorzio*. E poi, in fondo, i soldi della campagna *elettorale* sono stati i miei. Ho sette anni più di lui e devo chiudere un occhio sulle sue avventure amorose. Lo conosco troppo bene…", le *sussurra* appena in un orecchio.
"Lo conosce così bene da poter esser sicura che non è capace di uccidere?"
La Carfetti abbassa lo sguardo al *suolo*.
"Non il mio Eugenio. Può essere infedele, ma *assassino* no. Adesso mi scusi, ma devo proprio andare. Ho un appuntamento alle dieci in centro dal massaggiatore, e mi devo ancora preparare."
"La ringrazio."
"Si immagini. È stato un piacere conoscerLa, Rosa!"
Rosa ritorna all'ingresso, dove Losanti sta parlando calorosamente con Carfetti. Lui le viene incontro, non appena la vede avvicinarsi.
"Novità?", gli chiede lei, *infastidita* dal suo *atteggiamento* amichevole verso un *sospettato*.
"Il signor Carfetti mi ha riconfermato che era al ristorante La Parolaccia la sera dell'omicidio, insieme ad altri suoi colleghi politici."
Rosa *si infastidisce* ancora di più nel rendersi conto della superficialità del suo collega.
"Li hai *interrogati*? Ci sono *testimoni* che possono attestare il Suo alibi, vero signor Carfetti?", dice rivolgendosi ad entrambi.

"Le posso fornire tutti i *testimoni* che vuole", le risponde Carfetti in tono arrogante.
Anche lui *indossa* una *vestaglia*, ma di colore nero, da cui si vede un pigiama di seta blu scuro. Rosa nota che è nervoso. Nonostante la sua apparente disinvoltura, ha dovuto accendersi una sigaretta per calmare i nervi.

Übung 60: Ergänzen Sie die Sätze mit den folgenden Konjunktionen!
(anche se, affinché, perché, ma, dopo che, benché)

1. Carlo ha dovuto accendersi una sigaretta, ______________ era nervoso.
2. ______________ la panna mi piace, non voglio finire quella fetta di torta.
3. Ho finito tutto, ______________ ora sono molto stanco.
4. ______________ fossi molto innamorata, mi ha lasciata.
5. ______________ siamo usciti dal cinema, siamo andati a cena.
6. Me ne sono andata, ______________ potesse pensare all'intera situazione.

"Ok, Rosa. Credo sia ora di andare", le fa presente Losanti.
"Ma Carmelo! Non ho ancora cominciato col mio *interrogatorio*...", ribatte Rosa, evidentemente *seccata* adesso.
"Fidati di me. Carfetti è pulito!" le ripete Losanti in tono secco.
"Per ora *se l'è cavata*, ma non creda di *passarla liscia*!", urla Rosa in faccia a Carfetti.

Lui *indietreggia* di poco, ma subito dopo riprende la sua calma apparente.
"Moderi i termini, signorina. Sa con chi sta parlando, vero?"
"Lo so benissimo. Non mi faccio *impressionare* dai politici, io!"
Nel dire questo Rosa guarda dritto in faccia Losanti, che la spinge già verso l'uscita.
Quando sono in macchina domina il silenzio, finché Losanti non *rompe il ghiaccio*.
"Ma sei *impazzita*, Rosa?! Con questa gente bisogna usare molta *cautela*!", le dice lui innervosito.
"Perché, hai paura? Un uomo come te ha paura?"
Rosa si mette dritta sul sedile, mentre gli dice questo.
"Non è questione di avere paura. Non voglio finire *trasferito* in qualche paesino sperduto della Sicilia a *badare alle* pecore o, ancora peggio, ad avere a che fare con la mafia…"
"Carmelo, sei o non sei un poliziotto? Non devi preoccuparti di altro, se non di fare il tuo lavoro. Devi credere nella giustizia!"
"Ci credo, Rosa. Per questo *indagherò* su Carfetti. Solo non credo che aggredirlo in quel modo sia stata una buona idea. Inoltre non abbiamo prove e lui ha un alibi! Non è stato lui!"
"Sarà… Ma non mi piace!"

! ÜBUNG 61

Übung 61: Futur I oder Futur II? Unterstreichen Sie die jeweils passende Verbform!

1. Quando avrò finito/finirò il mio lavoro, partirò/sarò partita per le vacanze.
2. Quando mi avrà detto/dirà che mi ama, lo sposerò/avrò sposato.
3. Quando mi restituirai/avrai restituito il libro, te ne presterò/avrò prestato un altro.

4. Quando mi dirai la verità/avrai detto la verità, ne riparleremo/avremo riparlato.
5. Quando rientrerai/sarai rientrato dalla palestra, avremo mangiato/mangeremo da ore.
6. Ne riparleremo/avremo riparlato quando sarai ritornato/ ritornerai dall'Italia.

Carmelo e Rosa non parlano più per tutto il viaggio. Il silenzio *regna* in automobile fino a Piazza Venezia.
Arrivano in anticipo, ma Lombardo la sta già aspettando.
Carmelo si ferma di poco più lontano.
"Mi dispiace, Rosa", le dice, quando lei scende dalla macchina.
Rosa *si allontana*, ancora *infastidita*, senza nemmeno salutarlo.

Übung 62: Wie lautet das Adjektiv der folgenden Verben? Setzen Sie ein!

ÜBUNG 62 !

1. infastidirsi ______	4. pazientare ______
2. arrabbiarsi ______	5. lavorare ______
3. seccarsi ______	6. ammalarsi ______

Capitolo 5: A caccia di indizi per Roma

"Rosa, finalmente!", le corre incontro Lombardo abbracciandola. Anche Rosa è molto felice di vederlo. Sa che Lombardo è una persona chiara e sincera.
Gli spiega in poche parole il problema.
"Mi dovresti accompagnare per gli *itinerari* che ha percorso Luisa

Bruschi. Spero così di riuscire magari a scoprire qualcosa", gli spiega Rosa.
"Sarò più che felice di aiutarti, per Luisa, di cui spero si trovi l'*assassino* al più presto, ma anche perché così posso *farti* finalmente *da Cicerone*!"
"Cominciamo subito, allora, Ludovico! Non c'è tempo da perdere e mi sembra già di averne perso troppo con Carmelo Losanti!"
"Allora, ti sei accorta che alla fine è solo un *pappagallo*?"
"Mi sa che hai proprio ragione tu, Ludovico. Ma sono così felice di vederti!" Rosa *si stringe al* suo braccio e si fa più vicina a lui. Ludovico è però abbastanza freddo.
"È meglio che ci mettiamo al lavoro, Rosa!"
Che succede? Ora che sono io ad avvicinarmi, *si allontana* lui?, si domanda Rosa abbastanza stupita. Questi uomini! Sono davvero incomprensibili!, pensa ancora tra sé.
Lombardo le spiega che il Palazzo Venezia, che ha le caratteristiche di un palazzo-*fortezza medievale*, è stato *eretto* nel 1455 ed attribuito a Leon Battista Alberti.
"Anche il museo è interessante da vedere", racconta Lombardo. "Ospita una *vasta* raccolta di opere, con ricche collezioni di oggetti delle cosiddette arti minori. Ci sono anche molti mobili, stoffe, oro e argento, ceramiche e maioliche, porcellane antiche."

ÜBUNG 63 !

Übung 63: Wie lautet das Gegenteil? Ordnen Sie zu!

1. antico	☐ a) lento
2. molle	☐ b) grande
3. veloce	☐ c) moderno
4. piccolo	☐ d) noioso
5. minore	☐ e) pallido

6. lontano ☐ f) duro
7. divertente ☐ g) vicino
8. abbronzato ☐ h) maggiore

Davanti ai loro occhi c'è poi il Vittoriano, il monumento imponente e grandioso dedicato al re Vittorio Emanuele II, *eretto* tra il 1885 e il 1911.
"Sotto la statua di Roma c'è la *tomba* del *Milite Ignoto*, e due scale laterali salgono fino alla grande *statua equestre* di Vittorio Emanuele II, in bronzo. All'interno del Vittoriano c'è il Museo Centrale del *Risorgimento*", precisa Lombardo.
Rosa porta con sé un foglio di carta, dove sono indicati tutti gli *itinerari* di Luisa e, insieme a questo, una fotografia di lei.
Nota una fermata dei taxi e si avvicina per chiedere informazioni. Nessuno pare conoscere Luisa. Proprio quando Rosa *si sta allontanando* senza più speranze, si fa avanti un signore lungo e magro.

Übung 64: Übersetzen Sie folgende Sätze! Achten Sie dabei auf die richtige Stellung des Adverbs!

1. Thomas ist sicherlich spät.

____

2. Es ist sehr spät.

____

3. Was hast du gestern gemacht?

____

4. Sie spricht sehr gut Italienisch.

5. Meine Kinder spielen immer gerne.

6. Ich komme gleich!

"Commissario! Commissario! Io l'ho vista quella ragazza! L'ho riconosciuta subito sul giornale, perché è difficile da dimenticare: era davvero una bella donna!"
"E…"
"Passava sempre di qui con diversi gruppi di turisti. A volte aveva un ombrello chiuso nella mano che alzava verso il cielo per farsi meglio riconoscere. Ma non mi ha mai notato…"
"Lei ha mai notato qualcosa di strano?"
"In effetti… Mi ricordo di una volta in cui aveva litigato furiosamente con un'altra *guida turistica*, un signore scuro di *carnagione*, con gli occhi nerissimi e non molto alto."
"Lo conosce per caso?"
"No, ma lo vedo passare qualche volta. Si veste sempre di nero, anche lui è facile da notare. Una volta ho sentito che urlava contro quella bella ragazza. Diceva che lei gli aveva portato via i suoi clienti migliori… Le sue testuali parole sono state: "*Maledetta* veneziana! Tornatene nella tua città! Da quando sei arrivata tu non si lavora più! Se potessi ti ucciderei…"
"Ha detto proprio ti ucciderei?"
"Sì, proprio così. C'era anche un altro collega con me quel giorno. Entrambi siamo rimasti stupiti dall'aggressività di quel tipo."
"E che cosa ha risposto Luisa?"

"L'ha *per lo più* ignorato. Questo non ha fatto altro che farlo arrabbiare ancora di più… Ha pronunciato, sotto gli occhi dei turisti, *insulti* davvero non ripetibili. Io mi sono avvicinato per cercare di calmarlo, e la ragazza ha potuto così andare via col suo gruppo di turisti."

"E non ha detto nulla?"

"Nulla, io non ho detto proprio nulla!"

"Non mi riferivo a Lei…"

"Ah lei… L'ho sentita dire ai suoi turisti americani di non ascoltare quell'uomo, che era solo un pazzo. Sa, con tutta la mia esperienza come tassista, parlo un po' di inglese…"

"La ringrazio. È stato davvero molto utile."

"Non sa come posso trovare quell'uomo? Sto *ripercorrendo* gli *itinerari* di Luisa con questo mio amico."

Übung 65: Wie lautet das Adverb der folgenden Adjektive? Setzen Sie ein!

1. Abbiamo litigato ________________ (furiosi).
2. Partiamo ________________ (sicuro).
3. Lasciamo ________________ (probabile) la scuola.
4. Lucia ha finito tutto ________________ (frettoloso).
5. Guido si è alzato ________________ (pigro) dal letto.
6. Giancarlo ha lasciato ________________ (facile) Luisa.

Per tutto il tempo della conversazione Lombardo è rimasto al fianco di Rosa, in silenzio, ma molto attento a tutti i particolari.

Subito dopo accompagna Rosa sul Campidoglio, uno dei sette famosi colli di Roma, che era sede dell'acropoli e centro religioso della città antica. Arrivano a Piazza del Campidoglio, progettata da Michelangelo nel 1536. Al centro c'è la maestosa *statua equestre* di Marco Aurelio. In fondo c'è il palazzo Senatorio, a destra quello dei Conservatori, e a sinistra quella del Museo Capitolino, che raccoglie una ricca collezione di sculture classiche.
"Vedi le *tracce* dell'antica *doratura* sulla statua, Rosa? Una leggenda narra che quando la *doratura* della statua si sarà tutta scoperta ci sarà la fine del mondo!"
"*Caspita*, è davvero affascinante! Sai che sono venuta a Roma solo una volta da bambina? Non riesco però a godermi bene la città, perché sono troppo preoccupata per il caso di Luisa."
"Ti capisco, Rosa, ma vedrai che troveremo presto il suo *assassino*. La pagherà cara!"
"Lo spero, Ludovico, lo spero…"
"Quando sarà tutto passato, ti porterò alla Pinacoteca Capitolina, che raccoglie vari dipinti dei più grandi maestri e artisti dal XIV al XVII secolo. C'è anche il quadro di Rubens 'Romolo e Remo *allattati* dalla *lupa*'."

ÜBUNG 66 !

Übung 66: Setzen Sie die Verben in Klammern in die Futurform!

1. Vedrai che ______________ (noi – trovare) presto il suo assassino.
2. Sono sicuro che Ruggero ______________ (imparare) presto l'italiano.
3. Quando sarai triste ______________ (pensare) a noi.

4. Vedrai che ________________ (noi – riuscire) a finire tutto per domani.
5. Credimi, i bambini ________________ (andare) a letto prima delle nove.
6. Quando avrò finito l'università ________________ (trasferirsi) in Italia.
7. Quando sarai partito spero che mi ________________ (scrivere).
8. Mi farò viva non appena ________________ (arrivare) a casa.

Lombardo cerca di distrarre Rosa dai suoi pensieri, perché si accorge che è molto preoccupata.
In fondo non ci sono ancora molti indizi sul caso, e lui si sente sempre *stringere* il cuore quando la vede triste.
Inoltre pare che lei sia abbastanza confusa. Ci sono momenti in cui la sente molto vicina, e altri in cui la avverte più lontana.
Che si tratti forse di Carmelo Losanti?, si chiede tra sé abbastanza teso.
Decide però di lasciarle tempo e di non metterla troppo sotto pressione. Sa che finché non avrà *risolto* il caso, lei non avrà la testa libera per altri pensieri.
Salgono la scala sul fianco del palazzo del Museo Capitolino e arrivano di fronte all'ingresso della Basilica S. Maria d'Aracoeli, dove c'è una bella Madonna in mosaico del '200.
"Questa imponente chiesa fu *eretta* sulla cima più alta del Campidoglio, là dove, secondo la leggenda, Sibilla predisse ad Augusto la venuta del *Redentore*."
Rosa si guarda intorno, abbastanza persa.

"Tutto ok?", chiede Lombardo.
"Questa basilica è davvero bellissima. Ma proseguiamo velocemente, Ludovico. Spero magari di incontrare, durante il percorso, qualcun altro che mi possa dare dettagli su Luisa."

ÜBUNG 67

Übung 67: Ergänzen Sie die Sätze mit dem richtigen Adverb!
(spesso, per sempre, mai, ogni volta, sempre, talvolta)

1. Roberto si lava _______________ i denti di sera prima di andare a letto.
2. Sono andata _______________ a fare jogging al parco.
3. _______________ che litighiamo torna a casa con un mazzo di rose rosse.
4. _______________ credo che non sia l'uomo giusto per me.
5. Sono convinto che lei mi starà _______________ vicina.
6. Non ho _______________ permesso al gatto di salire sul divano.
7. Luisa non ha _______________ avuto problemi a trovare lavoro.

Rosa e Lombardo scendono per la maestosa Via dei Fori Imperiali. "Questi Fori Imperiali erano altri centri di vita pubblica. Erano delle *vaste* piazze monumentali, circondate da edifici pubblici. *Comprendevano* al centro un tempio o una basilica a ricordo di qualche impresa storica del tempo. Il primo fu il Foro Giulio o di Cesare", racconta Lombardo.

"Il grandioso edificio della Basilica di Massenzio o di Costantino era invece tra i più imponenti della Roma antica. Fu iniziato da Massenzio tra il 306 e il 312 d.C. e poi compiuto da Costantino. *Si affacciava* lateralmente sul Colosseo. Ora, in estate, vi si tengono concerti sinfonici."

"Ti ringrazio, Ludovico, so che lo fai per distrarmi e per aiutarmi a capire meglio Roma. Ma spero di riuscire a trovare qualcun altro che mi sappia dire qualcosa su Luisa."

"Vedrai che lo troveremo, Rosa. Ho un buon *presentimento*. Perché non provi a chiedere al *grattacheccaro*?"

"Il *grattacheccaro*?"

"Sì, è un chiosco rivenditore di una bibita a base di *anguria* e ghiaccio. Una sorta di granatina. Lo vedi? Proprio là, vicino al Colosseo."

Rosa va a chiedere informazioni al *grattacheccaro*. Intanto Lombardo avvicina una *gattara* che si occupa dei numerosi gatti dei dintorni.

"Rosa, il Colosseo, o Anfiteatro Flavio, è il più famoso monumento della romanità, ed è considerato il simbolo stesso dell'*eternità* di Roma. Fu iniziato da Vespasiano verso il 72 d.C. e inaugurato da Tito nell'80. Era destinato ai pubblici spettacoli e soprattutto ai *combattimenti* tra i gladiatori e gli animali *feroci*, che ebbero luogo fino al VI secolo. L'interno poteva contenere ben 50 mila spettatori. Gravemente *danneggiato* dai *terremoti*, fu trasformato in *fortezza* nel *Medioevo*. Divenne poi una *cava di pietre* nel periodo del *Rinascimento*, finché nel '700 Benedetto XIV non pose fine al suo sfruttamento. Dopo di lui vari *papi* fecero lavori di recupero e di *sostegno*", dice a Rosa, non appena si riavvicina a lui.

"Sì, il Colosseo l'ho visto più volte in diversi film. Mi ricordo anche il segno dell'*imperatore* alla fine della lotta: *pollice* in alto significava vita, *pollice* in basso morte. A volte mi chiedo se ci possa essere un Dio che decide dei nostri destini allo stesso modo."

ÜBUNG 68 !

Übung 68: Ergänzen Sie die Sätze mit dem Imperfekt der Wörter in Klammern!

1. Quando l'imperatore ________________ (abbassare) il pollice ________________ (significare) morte.
2. Ieri Luisa ________________ (essere) a scuola a lavorare.
3. Mentre ________________ (frequentare) il corso di italiano ho conosciuto tanta gente.
4. I cani ________________ (scodinzolare) attorno a Rosa.
5. Mentre ________________ (io – fare) la doccia, è finita l'acqua calda.
6. Quando ________________ (essere) giovane, Rodolfo e suo fratello ________________ (amare) ascoltare musica classica.
7. Il riscaldamento della casa ________________ (essere) sempre rotto.

"Non essere triste, Rosa. Ho notizie interessanti per te. La vedi quella *gattara* laggiù? Si occupa dei gatti del Colosseo. Ogni giorno porta loro qualcosa da mangiare. Ho fatto diversi studi sul Colosseo per l'università e siamo diventati come amici. È una vecchietta davvero simpatica. E poi, ha informazioni per noi. Mi ha detto che la *guida turistica* che ha litigato con Luisa percorre gli stessi suoi *itinerari*."

"Abbiamo quindi una grossa possibilità di incontrarlo… Sa anche come si chiama?"

"Roberto Ripanò. Ha detto che ha una voce e un aspetto inconfondibili, oltre che una *reputazione*…"

Rosa non capisce cosa voglia dire e lo guarda stupita.
"Cosa intendi?"

Übung 69: Lesen Sie weiter und setzen Sie die passenden Wörter in die Lücken ein!
(cornetto, sfortuna, superstizioso, fortuna, tasca)

"Pare che porti (1.) ______________… La vecchietta ha tirato fuori dalla (2.) ______________ un (3.) ______________ rosso, come talismano. Mentre parlava di Ripanò, ha toccato più volte il suo *cornetto*, per evitare la sfortuna!"

Rosa si mette a ridere.

"Ma, insomma Ludovico, non sarai diventato (4.) ______________ ______________ adesso?"

Anche Lombardo si mette a ridere.

"Mai dire mai, Rosa! Nella vita non si può mai dire chi abbia ragione su questi argomenti."

"Certo che alla povera Luisa molta (5.) ______________ non ha portato…"

ÜBUNG 69 !

Gli occhi di Rosa diventano di nuovo tristi e Lombardo capisce che è il momento di andare avanti.
La conduce fino all'Arco di Costantino, *eretto* nel 315 d.C. a celebrazione della vittoria dell'*imperatore* su Massenzio a Ponte Milvio, nel 312.
"Nel parco Oppio si trova invece la Domus Aurea. È il grande

palazzo che Nerone fece costruire dopo l'incendio di Roma nel 64 d.C. In seguito lo *interrò* per la costruzione delle terme di Traiano."
Rosa sembra adesso particolarmente interessata.
"Nerone era quell'*imperatore* pazzo, vero?"
"Sì, lui e la madre Agrippina erano davvero terribili e *sanguinari*. Nell'antica Roma succedeva spesso di morire *avvelenati* o *assassinati*. Mai però come durante il regno di Nerone questi incidenti erano diffusi. Nerone diede *perfino* colpa dell'incendio di Roma, provocato da lui stesso, ai cristiani. Questi ultimi furono massacrati. E, quando divenne *imperatore*, fece uccidere anche la stessa madre Agrippina."
Lombardo, sempre parlando, conduce Rosa fino a Piazza del Grillo. Da qui si *accede* al Foro di Augusto, costruito per *vendicare* la morte di Cesare.
"Anche il grande *imperatore* Cesare fece *del resto* una bruttissima fine. Fu *accoltellato* a tradimento dal *figliastro* Bruto..."
In quel momento Rosa sente una voce *gracchiante* che dice: "Questa è invece la casa dei Cavalieri di Rodi. Fu costruita nel *Medioevo* sopra antiche costruzioni romane e rinnovata nel '400."
Non appena lo vede, Rosa cammina veloce verso di lui.
È vestito di nero da capo a piedi, sotto il sole *cocente* di Roma. Non c'è dubbio, deve essere proprio lui: Roberto Ripanò.
Lombardo la segue, preoccupato per la sua forte reazione.
"È Lei il signor Ripanò?", chiede Rosa, rossa in viso.
"Scusi, ma non vede che sto lavorando?"
"Sono il commissario Nicoletti, Le devo fare delle domande a proposito di Luisa Bruschi."
"Ah, quella *schifosa*! Guardi, da parte mia le è capitato quello che si meritava. Era una che portava via il lavoro alla gente onesta, come me. Inoltre era moralmente scorretta. Se la faceva con un uomo sposato..."

Ripanò fa una *smorfia* di disgusto proprio davanti a Rosa.
“Quelli erano forse *affari suoi*. E per quanto riguarda il lavoro, forse era semplicemente più brava di Lei!”

Übung 70: Adjektiv oder Adverb? Ergänzen Sie die Sätze!

1. semplice – semplicemente

Luisa è ______________ più brava di Ripanò.

2. vero – veramente

Quel diamante così grosso è proprio ______________.

3. felice – felicemente

Rodolfo e Angelica sono sposati ______________ da 10 anni.

4. triste – tristemente

Francesca è una persona molto ______________.

5. attento – attentamente

Cerca di seguire ______________ la lezione.

6. preciso – precisamente

Il cadavere è stato ritrovato in questo punto ______________.

7. buono – bene

Questi spaghetti sono veramente ______________.

8. buono – bene

È andato ______________ l’esame?

A questo punto, Ripanò si gira verso Rosa, aggressivo.
"Ma come si permette! Sa che io ho quasi 50 anni, e che faccio questo lavoro da almeno 30 anni? Ho sacrificato *perfino* la vita privata per farlo! Sono solo come un cane, lo sa questo? E poi arriva questa ragazza, tutta bella e multilingue, e mi porta via il lavoro così, da sotto il naso. Ma chi si crede di essere, Lei?!", le urla addosso.
"Io? Sono un commissario! E se voglio, La posso anche arrestare!", dice Rosa contro di lui.
Lombardo la trattiene per una braccio. Questa sua improvvisa reazione lo sorprende.
"Ma Rosa, non eri tu quella che diceva che bisognava essere diplomatici? Per favore, cerca di controllarti, altrimenti finiamo nei *guai*!", le *sussurra* Lombardo in un orecchio.
"Hai ragione, hai ragione…", gli risponde lei sottovoce. Si è fatta però ancora più rossa in viso.
"Signor Ripanò, ha un alibi per la sera dell'omicidio?"
"*Si figuri*! Ero a casa a guardare la televisione, solo come un cane…", le risponde lui. Diventa anche improvvisamente più triste.
Rosa si è ormai calmata.
"Lo sa che questo non è un alibi? Lei ora, in altre parole, mi sta dicendo che non ha un alibi," gli dice fredda.
"Le dico solo che non l'ho uccisa io, anche se avrei voluto ucciderla proprio io con queste mie mani! La odiavo e non me ne vergogno. Ma non l'ho uccisa io, appunto!"
Ripanò tira fuori dalla sua borsa nera un *biglietto da visita*.
"Guardi, qui trova il mio indirizzo personale e i miei numeri di telefono. Mi chiami quando vuole, ma Le posso già dire una cosa, e cioè che non sono stato io! Chieda piuttosto in giro di quel cardinale che Luisa frequentava, un bellissimo uomo. Sono sicuro che aveva una relazione anche con lui."

Übung 71: Schreiben Sie einen neuen Satz und ersetzen Sie die unterstrichenen Wörter durch ein Pronomen!

1. Telefona <u>a tuo fratello</u> domani.

____

2. Ricordati di portare a casa <u>i tuoi figli</u> dopo la scuola.

____

3. Hai parlato <u>ai tuoi genitori</u> dei tuoi problemi?

____

4. <u>A tua sorella</u> piace Eros Ramazzotti.

____

5. Hai detto <u>a Lucia</u> quanto la ami?

____

6. Hanno dato <u>a voi</u> i risultati della prova di guida?

____

Rosa lo guarda innervosita.
"Ma di chi sta parlando adesso?"
"Di un cardinale che ho visto una volta con Luisa a Piazza di Spagna. Si sono incontrati sulla *scalinata* e lui le teneva teneramente la mano. Per me ci doveva di sicuro essere qualcosa tra di loro", ribatte Ripanò.
"Ma un cardinale non può avere una donna. È un prete, fa voto di *castità*!", interviene Lombardo.
"Davvero? Beh… Forse per quel cardinale la questione è diversa", gli fa ancora eco Ripanò.

“Scusate, ma ora devo proprio andare!”, precisa poi Ripanò. Torna dal gruppo di turisti, che nel frattempo hanno ascoltato tutto quello che hanno detto loro.
Si sono raccolti in gruppo e parlano tra loro.
“Mi dispiace, signor Ripanò. Qui trova una mancia, ma noi ce ne andiamo!”, dice uno di loro, che è stato probabilmente nominato *portavoce* del gruppo.
“Come ve ne andate?”, ripete Ripanò *alterato*.
“Guardi, non si preoccupi. Ma ci basta così…”
“Non è possibile, non è possibile!”, si mette a urlare Ripanò.
“Meglio *darsela a gambe*, Rosa!”, le dice Lombardo, mentre anche il gruppo di turisti *si allontana* con passo veloce.
“Povero Ripanò. Mi fa un po’ pena…”, *mormora* Rosa.
“Anche se in fondo non ha un alibi e sembra un po’ squilibrato, potrebbe anche essere lui l’*assassino*!”, ribatte Lombardo.
“Non lo so. Ho una grande confusione in testa! E, come se non bastasse, adesso *spunta perfino* un misterioso cardinale! Povera Luisa, alla fine non aveva una vita molto felice, con tutti questi problemi. Un uomo sposato e un prete!”
“Rosa, chi lo sa, dove si nasconde la verità… A me Luisa pareva proprio una brava ragazza.”
“Allora era sfortunata. Certo il caso diventa sempre più complicato!”

! ÜBUNG 72

Übung 72: Wie lautet das Gegenteil der folgenden Adjektive?

1. felice ______________
2. fortunato ______________
3. giovane ______________

4. squilibrato ______________________

5. complicato ______________________

Camminano fino ai Mercati Traianei, un grandioso complesso di costruzioni *annesse* al Foro di Traiano, con tante diverse botteghe.
"Il primo *itinerario* di Luisa termina proprio al Foro Traiano", dice Rosa.
"È il più grandioso dei Fori Imperiali e fu ideato come un insieme di templi, basiliche, biblioteche e monumenti. Del complesso resta la *colonna* Traiana, del 113 d.C., dedicata all'*imperatore*, e la parte centrale della Basilica Ulpia", le racconta Lombardo.
"Davanti al foro *sorgono* invece due deliziose chiese, che si distinguono per le loro cupole. Una è la chiesa del SS. Nome di Maria, *eretta* nel 1738, l'altra quella di S. Maria di Loreto, dalle forme *rinascimentali*."
Rosa è però distratta.
"Ludovico, credi che riusciremo a fare un altro paio di *itinerari*, oggi? Ho visto che il secondo passa per Piazza di Spagna, dove magari possiamo chiedere informazioni su Luisa."
Rosa e Lombardo tornano a Piazza Venezia a piedi e percorrono tutta la via del Corso, su cui si ergono bellissimi palazzi e chiese che vanno dal tardo '500 al '700, e che le danno un aspetto nobilissimo. Ci sono anche tanti negozi e botteghe. Il nome di questa via deriva dalle corse di cavalli che vi ebbero luogo dal XV alla fine del XIX secolo. Tra le più famose c'erano quelle dei *cavalli berberi*.
"Un altro museo che non devi assolutamente mancare di visitare è la Galleria Doria Pamphilj. Contiene alcuni *capolavori* di scuola italiana e straniera del periodo che va dal XV al XVII secolo, e che *comprende* opere di Tiziano, Tintoretto, Correggio, Raffaello, Caravaggio, Rubens, Velàzquez…", spiega Lombardo.
"Lo sai, Ludovico, che mi piace tantissimo Caravaggio? Sono

affascinata dai suoi giochi di luce e ombra."

"Dietro la galleria si trova, invece, uno dei miei posti preferiti, Rosa. È la grandiosa chiesa *gesuita* di Sant'Ignazio. *Si affaccia* su una graziosa piazzetta settecentesca e fu *eretta* tra il 1626 e il 1650. La mia preferita in assoluto è però la vicina Piazza di Pietra, che prende il nome dai resti del tempio di Adriano. È davvero un *incanto*, un luogo molto romantico…"

ÜBUNG 73 !

Übung 73: Wie lautet das Passato Remoto der folgenden Verben? Setzen Sie ein!

1. è	________	5. parli	________
2. cresce	________	6. conosce	________
3. vengo	________	7. ha	________
4. chiedono	________	8. vogliono	________

Rosa e Lombardo proseguono lungo via del Corso. Arrivano poi a Piazza *Colonna*, animata dalla vita cittadina e da belle signore, vestite all'ultima moda, che la attraversano. Lombardo fa una pausa vicino all'elegante fontana a *vasca* del XVI secolo di Giacomo della Porta, da cui mostra a Rosa la *Colonna* di Marco Aurelio.

"Qui dietro c'è il Palazzo di Montecitorio, dove ha sede la Camera dei *Deputati*. *Sorge* sull'*omonima* piazza che ha al centro l'obelisco di Psammetico II", fa da guida a Rosa.

"L'ho notato, infatti, perché il mio albergo è là vicino", ribatte Rosa.

"Lì intorno devi fare in modo di vedere anche Palazzo Chigi, la sede del Governo italiano dal 1961, che si vede spesso in televisione durante i telegiornali…"

"Magari, quando ho chiuso il caso, cerco di prendere una settimana di ferie, per visitare questi bellissimi luoghi!"
"Sarebbe una buona idea, così finalmente avremmo un po' di tempo da passare insieme."
Rosa e Lombardo camminano ora per via Condotti, una delle vie più aristocratiche e chic di tutta Roma. Si fermano poi a prendere un caffè e un panino al Caffè Greco, luogo storico frequentato fin dal Settecento da artisti e letterati.
In fondo alla via si nota già la chiesa settecentesca di SS. Trinità dei Monti. Piazza di Spagna si presenta in tutta la sua magnificenza con la spettacolare *scalinata* che è piena di gente e turisti che fanno su e giù.
"Sarà difficile riuscire ad avere informazioni qui…", sospira Rosa. Lombardo la fa sedere un attimo vicino alla fontana della Barcaccia. "Un *capolavoro* del Bernini del 1629!", spiega a Rosa.
Lei, però, sta pensando ad altro e sembra molto concentrata: in mano tiene la fotografia di Luisa.

Übung 74: Wie lautet der Infinitiv der folgenden Verben?

1. ha sede	____________	5. ho chiuso	____________
2. ribatte	____________	6. avremmo	____________
3. proseguono	____________	7. si presenta	____________
4. mostra	____________	8. tiene	____________

Improvvisamente sente la voce di un *venditore ambulante* di fiori che le si è avvicinato, perché vuole venderle le sue rose.
Lombardo ne acquista subito una rossa per Rosa. Il venditore, di

origini chiaramente indiane, sembra però più interessato alla fotografia.

"Povera ragazza!", fa eco ai pensieri di Rosa.

"Perché, la conosceva?", gli chiede lei piena di speranza.

"L'ho vista diverse volte. Mi lasciava spesso la mancia e, a volte, comperava da me fiori per la casa."

"L'ha per caso vista una volta insieme a un cardinale?", gli domanda Rosa, alzandosi in piedi.

"Certo. Lui è un cardinale molto importante. Si chiama Flavio Rischiati ed è anche un 'papabile', come dicono qui a Roma: un uomo che potrebbe diventare *Papa* in un futuro."

"Cosa ricorda di quell'incontro?"

"Si sono abbracciati calorosamente. Lui le ha dato il mazzo di rose che aveva appena comperato da me. Poi *si* sono *allontanati* mano nella mano."

"Ma allora c'era qualcosa tra loro?", chiede Rosa delusa.

Lombardo intanto ascolta con la rosa ancora nella sua mano.

"Non lo so e comunque non sono *affari miei*. So solo che entrambi parevano brave persone. Anche il cardinale ha acquistato spesso fiori da me. Era sempre di buon *umore*, sembrava un uomo felice e soddisfatto. Non posso dire la stessa cosa di quella ragazza. Una volta ho notato ad esempio che, dopo che *si* erano *allontanati* per la via del Babuino, lei ha pianto e *si è stretta* di nuovo a lui in un *abbraccio*."

"Non so se lo sa, ma insieme alla parallela via Margutta, questa strada è il centro degli antiquari e dei pittori a Roma. Il cardinale *è appassionato d'*arte antica. Una volta è venuto ad un incontro con un quadro per lei."

"Ma allora si incontravano regolarmente?", lo interrompe Lombardo.

"Direi proprio di sì…"

Il fiorista torna poi al suo lavoro, mentre Rosa e Lombardo *si dirigono* verso la Fontana di Trevi, attraversando l'*incrocio* di via del Tritone.

Übung 75: Gerundium oder Präsens? Setzen Sie ein!

ÜBUNG 75 !

1. Rosa e Lombardo ______________ (tenersi) la mano, mentre ______________ (attraversare) la strada.
2. (parlare) ______________ con Rosa, il fiorista le ______________ (vendere) una rosa.
3. Il gatto ______________ (fare le fusa), perchè Rosa lo ______________ (coccolare).
4. (guardare) ______________ quel film, ______________ (io – piangere) sempre.
5. (passare) ______________ per quella via, ______________ (io – fermarsi) sempre a prendere un gelato.
6. Mentre la mamma ______________ (guardare la televisione), il bambino ______________ (fare i compiti).

Rosa fa una telefonata veloce a Losanti.
"Carmelo? Sono Rosa. Ho bisogno che tu mi fissi al più presto un appuntamento in Vaticano con Flavio Rischiati."
"Il cardinale?", le chiede Losanti dall'altro capo del *cellulare*.
"Sì, proprio lui. Conosceva molto bene Luisa. Gli voglio parlare al più presto!"
"Sarà difficile, ma ho dei buoni contatti col Vaticano."

"Ci sono altre novità? Io per domani sera ho fissato una cena alla Parolaccia, il locale dove dice di essere andato a cena Carfetti. Ho chiamato tutte le persone che erano con lui e hanno confermato il suo alibi."
"Ho capito."
"Non mi sembri molto convinta…"
"Infatti, non lo sono."
"*Verificheremo* comunque di persona… Sempre che tu non abbia paura di finire in Sicilia."
"Rosa, per favore!"
"Ci sentiamo allora domani, Carmelo!"
"Ma come? Non ci vediamo più per cena?"
"No, ho un impegno con un amico e poi preferisco andare avanti con l'*indagine*. Prima di domani sera voglio finire tutti gli *itinerari* di Luisa."
"Hai scoperto qualcosa?"
"Un collega di lavoro di Luisa è abbastanza strano e non ha un alibi…"
"Ma allora può essere stato lui!"
"Non credo, ma sai come funziona. Non si può mai dire come sia davvero la personalità di un omicida. Puoi raccogliere informazioni su di lui? Si chiama Roberto Ripanò."
"Oddio! So chi è! In città ha la *fama* di *portare male…*"
"Rosa, non vorrei metterti fretta ma dobbiamo proseguire", dice Lombardo, che non ce l'ha proprio più fatta a stare zitto.
"Ma non sei quindi sola, Rosa… Chi c'è lì con te?"
"Siamo arrivati ora alla Fontana di Trevi e ti devo lasciare. Sono con quell'amico di cui ti avevo parlato. Mi sta aiutando a *risolvere* il caso."
"Ah… Ricordati di buttare una monetina nella fontana, così ritorni a Roma! Peccato non vedersi stasera…"

"Scusa, Carmelo, ma adesso devo proprio andare!"
"Ok, ci sentiamo domani. Ancora peccato e buona serata!"

Übung 76: Formulieren Sie die Sätze im Konditional!

1. Non voglio partire, ma devo.

____

2. Mangio una granita alla menta.

____

3. Voglio andare in vacanza.

____

4. Ho bisogno di un po' di riposo.

____

5. Devo scrivere a mia madre.

____

6. Lavoro volentieri meno ore.

____

7. I bambini finiscono volentieri tutti i compiti.

____

Lombardo *osserva* Rosa con sguardo *truce*.
"Siete già in grande confidenza…", le dice, rosso in viso.
"Ma Ludovico, è solo un collega!"

"Davvero? E chi ti dice che non vuole essere più di un semplice collega?"
"E se anche così fosse? È importante quello che penso e che faccio io, alla fine."
"Il fatto è che mi sembri già molto confusa, Rosa. Ma è la tua vita, in fondo."
"Hai ragione, Ludovico. È la mia vita", gli risponde Rosa, adesso abbastanza *seccata*. Anche lei ora ha il viso in fiamme.
Passano davanti alla Basilica dei Ss. Apostoli, per ritornare a Piazza Venezia, da dove parte il terzo *itinerario* di Luisa.
Lombardo è innervosito, Rosa guarda in basso. Camminano fianco a fianco lungo via Plebiscito, senza guardarsi negli occhi.
Arrivano alla Chiesa del Gesù, la principale dei *Gesuiti* e una delle più importanti di Roma. Fu iniziata nel 1568 dal Vignola che vi realizzò il prototipo delle chiese barocche.
Lombardo dà in dettaglio a Rosa le principali informazioni sui monumenti che incontrano, ma sempre senza guardarla negli occhi. Passano davanti alla Chiesa di S. Andrea della Valle e alla Piccola Farnesina, al cui interno è *custodito* il museo Barracco, con una raccolta di scultura antica. Si fermano poi al Palazzo della Cancelleria, un *capolavoro* dell'architettura del primo *Rinascimento*. A Palazzo Farnese Rosa ammira la bella piazza ornata da due fontane. Cerca di guardare Lombardo, ma lui è sempre molto freddo.

ÜBUNG 77 !

Übung 77: Ergänzen Sie die Sätze mit den folgenden Wörtern!
(davanti a, all'angolo, sulla cima, di fronte, di fianco, in mezzo)

1. Passano ______________________ una chiesa.

2. ______________________ alla piazza sorge un obelisco.

3. Si danno appuntamento ______________ al portone del palazzo.

4. Passano per una via, ______________ a una bella chiesa.

5. Svoltano a sinistra, ______________ della fontana.

6. Salgono lentamente ______________ della collina.

Intanto la gente fa su e giù per le vie. Rosa nota alcuni *uomini d'affari* in giacca e cravatta, qualcuno dal viso *abbronzato*, e tutti impegnati a rispondere al *cellulare*. Davanti alla Chiesa Nuova Lombardo racconta a Rosa che questa fu *eretta* da S. Filippo Neri. Davanti alle architetture cinquecentesche, Rosa si sente *travolgere* dalla bellezza incredibile dei monumenti di Roma. Immagina anche come Luisa potesse essere felice di fare il suo lavoro in una città tanto meravigliosa…

Quando il panorama si apre sulla bellezza *incomparabile* di Piazza Navona, Rosa cerca di *rompere il ghiaccio*.

"Tutto ok, Ludovico? Mi sembri un po' freddino…"

Lombardo si altera in viso.

"È che non *comprendo*, come tu possa essere affascinata da un uomo come Losanti!"

"Ti ho detto che siamo solo amici…"

"Ah! Senti qua! Da colleghi siete passati ad essere amici! Meglio lasciar perdere, Rosa! Continuiamo a cercare l'*assassino* di Luisa, che è meglio! Ti consiglio anche di non rispondere, invece di dire cose di cui potresti pentirti dopo. Spesso il silenzio è la risposta migliore."

Rosa non ribatte. Intanto i suoi occhi *osservano* la bellissima piazza barocca, la grandiosa e vivace fontana dei Fiumi del Bernini, la fontana del Moro e quella di Nettuno. Poi da lì si spostano sulla *facciata* di S. Agnese in Agone, fiancheggiata da due campanili e *sormontata* da due belle cupole.

"Roma è davvero bellissima!"
"Hai ragione…", le fa eco Ludovico, che d'improvviso pare esser-si calmato.

Übung 78: Ergänzen Sie mit der richtigen Präposition!

1. Siamo saliti ________ cima del vulcano.
2. Il treno ________ Roma è appena partito.
3. Tanti italiani sono emigrati ________ Italia.
4. Mi prendi il libro ________ libreria?
5. Abito in una casa ________ finestre verdi.
6. La lezione è ________ 8 ________ 10.
7. Dove sono le chiavi ________ macchina?
8. Roberto ha deciso di giocare a carte ________ noi.
9. Ieri ho scritto ________ Luisa.
10. Vado ________ cinema.

Attraversano la piazza. Rosa mostra a un giornalaio una fotografia di Luisa, ma nessuno pare conoscerla da quelle parti.
Lombardo fa vedere poi a Rosa altre due chiese molto belle, quella di S. Maria della Pace, una delle più interessanti del primo *Rinascimento* a Roma e caratterizzata da una vivace *facciata* barocca, e quella di S. Agostino, che conserva invece una *facciata rinascimentale*.
"Lo stile *rinascimentale* mi piace più di quello barocco, per le sue forme così lineari e semplici", commenta Rosa.

"Anch'io lo preferisco, ma devo dire che certi monumenti barocchi a Roma sono di una *sontuosità incomparabile*."
Giungono in Piazza della Rotonda, dove c'è il magnifico Pantheon, fatto costruire da Marco Agrippa nel 27 a.C. e modificato nelle forme al tempo di Adriano. La piazza ha invece una bella fontana cinquecentesca, *sormontata* da un antico obelisco *egizio*.
"Come avrai notato, Rosa, mi piacciono molto le chiese, e qui vicino c'è quella di S. Maria sopra Minerva del 1280, in una piazzetta in cui un elefante marmoreo sostiene un obelisco *egizio*."
Lombardo mostra a Rosa la chiesa, poi tornano indietro e si siedono in un caffè davanti al Pantheon, a prendere un apertivo.
Sul tavolo il cameriere porta patatine, salatini, pezzetti di pizza, olive, *crostini*.
Lombardo prende un Campari soda, Rosa preferisce rimanere sul leggero con un aperitivo analcolico.
"Cerco di non bere troppo quando lavoro", dice a Lombardo.
"Lo so. Credi che non ti conosca?", risponde lui.
Poi si scambiano un'*occhiata* di *complicità*. In effetti si conoscono da davvero molto tempo.
"Che ne dici di andare a mangiare in un ristorante di Trastevere stasera? Ce ne sono di magnifici lì, c'è solo *l'imbarazzo della scelta*", le propone Lombardo.
"È proprio una buona idea, ma non voglio fare tardi, perché domani mattina dobbiamo cominciare davvero molto presto. Voglio finire tutti gli *itinerari* di Luisa, lasciando fuori solo il Vaticano. Mi sono accorta che Carmelo mi ha mandato un sms, in cui scrive che dopodomani incontreremo insieme il cardinale. Andrò allora in Vaticano."
"Tu e Losanti siete sempre in contatto, quindi!"
Rosa decide di seguire il consiglio di Lombardo e di non rispondere alle sue provocazioni o meglio dimostrazioni di *gelosia*…

Übung 79: Wie lautet der unbestimmte Artikel? Setzen Sie ein!

1. ________ caffè
2. ________ uomo
3. ________ obelisco
4. ________ ragazza
5. ________ albero
6. ________ aquila
7. ________ scorpione
8. ________ monumento
9. ________ operaia
10. ________ ape

La sera *trascorre* tranquilla. Rosa e Lombardo raggiungono Trastevere con un taxi. Lombardo litiga col tassista che cerca di praticare un *sovrapprezzo* bagaglio che non esiste. Per il resto però va tutto bene.
Cenano in un'osteria, sulla Piazza San Cosimato, dove si trova anche l'appartamento di Lombardo.
Per fortuna Lombardo non nomina Losanti per tutta la serata. Si gustano un bel fritto misto di *molluschi* e gamberi e una torta di mele con cioccolato.
Prima di tornare alla macchina Lombardo fa vedere a Rosa una chiesa davvero bellissima, S. Maria in Trastevere. Si trova in una *suggestiva* piazza con una fontana seicentesca e con il bel palazzo di S. Callisto. Rosa *osserva* la *facciata* della chiesa, ornata di mosaici, e il bel campanile romanico. Si avvicina a Lombardo che le prende la mano.

Übung 80: Lesen Sie weiter und ordnen Sie die Buchstaben in Klammern zu einem sinnvollen Wort!

In quel momento preferisce però *allontanarsi* e camminare verso la ________________ (1. naimahcc).

Lombardo accompagna poi con la sua auto Rosa in albergo.

Le si avvicina e le dà un bacio sulla ________________ (2. anucgia).

"È stato davvero bello rivederti!", le *sussurra*.

"Anche per me, Ludovico. È magnifico vedere Roma insieme a te... E poi, grazie per essermi così vicino. Sto attraversando un ____________________ (3. mmtooen) difficile, perché questo ____________________ (4. soca) mi sta molto a cuore. Mi dispiace davvero per quella povera ragazza."

"L'ho notato Rosa, ma non preoccuparti; vedrai che tutto si sistemerà. Per me l'unica cosa importante è poterti stare ____________ (5. nocivi)."

Rosa sale da sola nella sua ________________ (6. nsztaa). Pensa che, in fondo, mai nessuno fino ad ora le è stato davvero così vicino come Lombardo.

Capitolo 6: Faccia a faccia con la verità

La mattina seguente Rosa viene svegliata da una telefonata. Ancora immersa nel sonno cerca di capire cosa stia succedendo intorno a sé. Poi, prima di rispondere, guarda la sveglia: sono appena le sette e un quarto. Allora pensa fra sé: Ma chi puo essere a quest' ora del mattino?! Riconosce subito la voce di Losanti.

ÜBUNG 81 !

Übung 81: Lesen Sie weiter und setzen Sie folgende Wörter in die Lücken ein!
(mani, coraggio, gente, serata, paura, mafia, camerieri, prova, vergogna)

"Rosa, Rosa! Voglio solo dirti una cosa! Ieri sono andato alla Parolaccia e ho *interrogato* i (1.) ______________. Hanno tutti detto che Carfetti è stato lì tutta la sera. Ho notato però che uno di loro era nervoso. Era diventato rosso e muoveva le (2.) ______________ di continuo, segno che non *si sentiva a suo agio*."

"E allora?" dice Rosa ancora addormentata.

"L'ho aspettato fuori dal ristorante fino alla fine del suo turno di lavoro; era molto tardi. Non voleva parlare, ma poi ha *confessato*. Pare che Carfetti sia andato via a metà della (3.) ______________, per ritornare poi più tardi. Gli amici che erano con lui dicono il contrario, così come anche gli altri camerieri. Tutti sostengono che Carfetti *si* è solo *allontanato* per andare alla toilette. Luca, il cameriere che ha avuto il (4.) ______________ di parlare, dice però che la *sosta* al bagno è stata davvero lunga... Hanno tutti chiaramente (5.) ______________ di parlare..."

"Ma è una (6.) ______________!" ribatte Rosa che, d'improvviso, si è svegliata per il nervoso.

"Lo sai anche tu com'è, Rosa... Questa è l'Italia. La (7.) ________________ è dappertutto. La (8.) ________________ ha paura..."

"Anche tu, Carmelo?"

"Insomma, mi sembra di averti dato (9.) ________________ del mio lavoro proprio adesso! O ancora non ti fidi?"

"Mi fido, mi fido..."
"Domani dobbiamo poi incontrare verso le dieci in Vaticano, all'entrata della grande Basilica di San Pietro, un segretario del cardinale Rischiati. Il cardinale è molto impegnato, ma ci aspetterà ai giardini vaticani."
"Ok... Anche se adesso il caso è diventato più chiaro. È di sicuro Carfetti l'*assassino*!"
"Probabilmente, ma dobbiamo trovare altre persone disposte a *testimoniare*! Luca da solo non basta e, soprattutto, non abbiamo prove che Carfetti non sia davvero stato solo alla toilette. In fondo una persona, se non sta bene, è libera di stare alla toilette per ore!"
"Vedrai che stasera li convinco io gli altri..."
"Chissà perché, non ho dubbi, Rosa!" Ma c'è qualcos'altro: neanche il cardinale Rischiati ha un alibi! Mi ha detto che la sera dell'omicidio era a casa a guardare la televisione. Non ha alcun *testimone* però... E mi è sembrato stranamente triste e confuso... Ora ci sono quindi due probabili *assassini* e *sospettati*..."
"Sono sicura che *risolveremo* presto l'omicidio, adesso. A dopo, Carmelo!"
"Ok, ti aspetto davanti alla Parolaccia. Dì al tuo amico di portarti lì per le 20! Un bacio, Rosa!"

Übung 82: Welches Wort ist das „schwarze Schaf"? Unterstreichen Sie das nicht in die Reihe passende Wort!

1. sicuro, certo, pazzo
2. calmo, isterico, tranquillo
3. coccolone, freddo, gelido
4. bello, meraviglioso, orribile
5. sensibile, tenero, scontroso
6. fiero, vanitoso, orgoglioso

Rosa riattacca il telefono e si butta subito sotto la doccia. La fa fredda per risvegliare i muscoli.
Alle otto Lombardo la passa a prendere puntualmente.
"Passato una buona nottata, Rosa?"
"Tutto ok, tutto ok… Dobbiamo essere veloci però, perché stasera mi devo anche incontrare con Losanti."
"Ah… Non lo mettevo in dubbio!"
"Ludovico, la vuoi smettere, per favore? Lo sai che è per lavoro…"
"Sempre la stessa scusa… Almeno, avete scoperto qualcosa?"
"Pare proprio di sì, finalmente! Un cameriere dice che Carfetti *si è allontanato* la sera dell'omicidio!"
"Non avevo dubbi che fosse stato lui, anche se non volevo *influenzarti*!"
"Vedremo, Ludovico… Anche il cardinale non ha alibi, pare… Comunque finiamo insieme gli *itinerari* oggi! Magari scopriamo ancora qualcosa!"
"Sempre *a* tua *disposizione*, Rosa!", dice Lombardo. La guarda fisso negli occhi stavolta, tanto che lei è *costretta* ad abbassarli.
"A che ora ti devi vedere con Losanti?"
"Alle 20, alla Parolaccia."
"Ma non dirmi che ti porta in quel locale. Non lo trovo per niente

romantico… Sai perché si chiama così? Perché i camerieri ti *insultano* e anche in modo pesante! Proprio il genere di quel Losanti…"
"Ti ripeto che è per lavoro…"
"Vedi, lo *giustifichi* pure adesso! In ogni caso, ho una sorpresa per te stasera, prima che ti vedi con lui! Vedrai…"
"Allora *non vedo* davvero *l'ora*!", ripete Rosa chiaramente *infastidita* dalla scenata di *gelosia* di Lombardo.

Übung 83: Lesen Sie weiter und setzen Sie die Verben in die richtige Form!

ÜBUNG 83 !

Lombardo (1. parcheggiare) ____________ la macchina *presso* la Basilica S. Pietro in Vincoli. Dopo aver salito le scalinate di S. Francesco da Paola, lui prende la mano di Rosa, proprio mentre (2. passare) ____________ sotto la grande *volta* dell'antica casa dei Borgia. Intorno alla magnifica chiesa non notano però nulla di interessante. Proseguono quindi insieme, sempre mano nella mano, lungo via Cavour e passano di fronte alla Basilica di S. Prassede.

A questo punto Lombardo *trascina* dentro Rosa, per mostrarle la cappella di S. Zenone. Rosa rimane affascinata davanti a questo *capolavoro*. Quando (3. uscire) ____________ dalla chiesa, Lombardo la *stringe* leggermente a sé, ma lei (4. cercare) ____________ di rimanere concentrata sul caso.

Raggiungono anche la grande Basilica di S. Maria Maggiore. Rosa resta *impressionata* dalla sua struttura paleocristiana e dalla sua grande *imponenza*. Anche in questo caso Lombardo, nonostante non voglia (5. portare) ________________ via del tempo alla sua *ricerca*, riesce a (6. mostrare a lei) ________________ gli interni.

Sopraffatti dal silenzio e dalla pace della chiesa, quando escono fuori vengono *travolti* di nuovo dal traffico e dalla *ressa* della grande città.
Scendono per via Merulana e Rosa stacca la sua mano da quella di Lombardo. Ha bisogno di rimanere concentrata su Luisa.
Ha visto bellissimi monumenti, ma di Luisa nessuna *traccia*.
Il panorama si apre ora su Piazza S. Giovanni in Laterano.

! ÜBUNG 84

Übung 84: Lesen Sie weiter und ordnen Sie die Buchstaben in Klammern zu einem sinnvollen Wort!

Gli (1. hicco) ________________ di Rosa scorrono sul piccolo edificio del Battistero del V secolo, con attorno tutte le sue cupole.
Resta però soprattutto affascinata dalla grande (2. lecteatrda) ________________ S. Giovanni in Laterano.
"Si dice sia 'la cattedrale di Roma e del mondo'. È (3. aebll) ________________, vero? Fu fondata da (4. appa) ________________ Melchiade tra il 311 e il 314. Distrutta più volte, fu poi ricostruita durante il Seicento come la vedi adesso."
"È bellissima, Ludovico! Ma non vedo (5. unenoss) ________________

a cui posso chiedere informazioni su Luisa! Sembrano tutti (6. iusrtti) ________________ o romani di passaggio…"

"Propongo di andare alle Terme di Caracalla. Aspettami qui, vado a prendere la (7. amicachn) ________________, così parcheggiamo più vicino, magari *presso* la Basilica di San Clemente che, tra l'altro, è uno splendido *gioiello medievale*!"

"Ok, ti aspetto!"

Rosa si concentra intanto su cosa deve ancora fare quel giorno. Pensa che adesso ciò che è veramente importante sono gli *interrogatori* di Carfetti e del cardinale.

Poco dopo Lombardo arriva con l'auto. Percorrono la via dei Fori Imperiali, girano attorno al Colosseo, da dove Rosa nota la bella Chiesa dei SS. Giovanni e Paolo. Questa *sorge* solitaria e *pittoresca* sulle *pendici* del Celio, uno dei sette colli di Roma.

"Se avessimo tempo, sarebbe molto interessante vedere i *sotterranei*, Rosa! Lo sai che i cristiani si nascondevano nelle catacombe, quando i Romani cominciarono a perseguitarli? Questo succedeva perché i cristiani avevano la loro religione e *si rifiutavano* di seguire quella romana pagana. Hanno fatto anche tanti film sull'argomento", le spiega Lombardo.

Übung 85: Übersetzen Sie die folgenden Sätze!

ÜBUNG 85 !

1. Ich gehe ins Kino.

____

2. Ich gehe tanzen.

3. Ich mag Krimis und ich lese sehr gerne.

4. Wann fährst du nach Rom?

5. Ich habe mich in Luisa verliebt.

6. Ich habe keine Lust, darüber zu sprechen.

Parcheggiano verso Porta S. Sebastiano. *Ripercorrono* insieme l'*omonima* romantica via, che corre solitaria, *incorniciata* tra bassi *muricciolі* e *incantevoli* memorie archeologiche e cristiane.
"Le Terme di Caracalla erano le più belle e lussuose di Roma. Ancora oggi lo puoi vedere dalla grandiosità delle loro *rovine*. Furono inaugurate dall'*imperatore* Caracalla nel 217 d.C. e rimasero in funzione fino al VI secolo. *Comprendevano palestre*, biblioteche, sale di ritrovo e giardini, oltre alle sale dedicate ai bagni. Oggi fanno spesso da sfondo a spettacoli e opere liriche", racconta Lombardo.
"Sono davvero meravigliose", dice Rosa, mentre si accorge della presenza di Ripanò, che accompagna un gruppo di turisti. Lui le si avvicina per un momento.
"Novità, commissario?", le chiede, quasi prendendola in giro.
"Pare di sì… Comunque non sono *affari Suoi*…", risponde Rosa chiaramente *seccata*.

"Vuol dire che allora ha scoperto che non sono stato io? Che genio, commissario! E ora mi scusi, ma devo tornare al mio lavoro!"
"Ti prego, Ludovico, trattienimi… Altrimenti lo uccido…", *sussurra* Rosa nelle orecchie di Lombardo.
"Stai tranquilla, Rosa, che non ne vale la pena…"
Rosa non risponde, ma diventa tutta rossa in viso.
"Permettimi piuttosto di invitarti a pranzo a Campo dei Fiori. E' una delle mia piazzette preferite a Roma."
Stavolta Rosa e Lombardo prendono un autobus, per arrivare là. Attraversano la folla. Salgono sul bus e, nella *ressa* generale, Rosa si appoggia a Lombardo. Scendono alla fermata e proseguono poi a piedi.

Übung 86: Lesen Sie weiter und setzen Sie die richtige Präposition in die Lücken ein!

Non appena arrivano a Campo dei Fiori *si immergono* (1.) ______ *suggestiva* atmosfera della vita romana: il vivace mercato, le signore *anziane* che passeggiano con la borsa carica (2.) ______ spesa, le deliziose case circostanti che paiono quasi curvate verso la piazza…

Rosa però non ha molta fame. Si è davvero innervosita con Ripanò. Si siedono al tavolino (3.) ______ un caffè all'aperto. Rosa ordina solo un po' di pesce fritto. Non riesce a mangiare altro.

Lombardo si gusta invece un bel piatto di penne (4.) ______ puttanesca, e intanto ordina un arrosto con contorno.

"Vuoi un bicchiere (5.) ______ vino rosso, Rosa?"

"Meglio di no… Voglio rimanere lucida durante il mio lavoro… Ma non ti sei innervosito, tu?"

"Ho imparato (6.) ______ prendere le cose come vengono, Rosa. Ripanò è una persona orribile, ma non è probabilmente un *assassino*. Inoltre non mi pare sia felice… Anzi, è una persona molto sola e incattivita. Questa cosa è già di per sé una brutta *punizione* (7.) ______ una persona."

"Hai ragione, Ludovico. Sei sempre più *saggio* (8.) ______ me…"

"E poi Rosa, scusa, quando sono con te, sono sempre felice!"
Rosa lo guarda contenta e più rilassata, adesso.
Gli occhi di Lombardo *brillano*, mentre la *osserva*.
Si godono entrambi il pranzo, con il vento leggero di Roma che non fa loro sentire l'*afa* della giornata.

ÜBUNG 87 !

Übung 87: Bringen Sie die Wörter in die richtige Reihenfolge!

1. si goduti entrambi il sono pranzo

____

2. vogliono davvero si Rosa bene Ludovico e

____

3. piacciono gatti Rosa a i

____

4. città Roma storia con tanta è una

5. vive a Roma Losanti

6. lavora all'università Ludovico di Roma periodo certo per un

Nel pomeriggio tornano verso Piazza Venezia, da dove camminano per la via del Teatro di Marcello.
"Questo teatro fu iniziato da Giulio Cesare e terminato da Augusto, che lo dedicò al nipote Marcello. Sulle due maestose arcate sovrapposte *fu eretto* nel '500 il palazzo Savelli-Orsini."
"Quella che vediamo da qui sul Tevere è invece un'isola?"
"Sì, è l'Isola Tiberina. *Sorge* in un'*ansa* del Tevere ed è unita alla riva sinistra del fiume dal ponte Fabricio. Questo ponte risale al 62 a.C. ed è il più antico di tutta Roma! Alla riva destra è collegata invece dal ponte Cestio."
"Ha la caratteristica forma di una barca…"
"È vero. Nell'antichità era *consacrata* ad Esculapio, dio della medicina, e anche oggi vi si trova un ospedale, quello di S. Giovanni Calibita. È un luogo molto romantico… Magari ti faccio vedere anche il Ghetto, che è uno dei miei posti preferiti a Roma…"
"Magari, Ludovico… Però quando *ho risolto* il caso."
"Non l'ho mai messo in dubbio, Rosa."
Passeggiando lungo il Tevere, guardandosi stavolta negli occhi, Rosa e Lombardo arrivano a Piazza Bocca della Verità. È un altro dei luoghi più *pittoreschi* e romantici di tutta Roma.

Übung 88: Welche Gegenteile gehören zusammen?

1. magro	☐	a) acido
2. dolce	☐	b) sbagliato
3. corretto	☐	c) grasso
4. lucido	☐	d) equivoco
5. colorato	☐	e) pallido
6. univoco	☐	f) opaco

Rosa e Lombardo giungono *presso* la chiesa *medievale* di S. Maria in Cosmedin. Si fermano sotto il *portico*, sotto il quale c'è un grande *chiusino* di *pozzo scolpito* a forma di mascherone umano.
"Questa è la 'bocca della verità' che si è vista in tanti film, tra cui 'Vacanze romane' con Audrey Hepburn e Gregory Peck. Te la ricordi la scena della mano, Rosa? Quando lei mette la mano dentro la bocca?"
Rosa mette automaticamente la mano dentro la grande bocca di pietra.
"Allora, mi ami, Rosa? Lo sai che, se dici una bugia, la bocca ti *morde*, vero? È famosa per *mordere* la mano dei bugiardi!"
"Per favore, Ludovico, non perdiamoci in queste stupidaggini! Va bene che siamo a Roma, dove è facile divertirsi e dimenticarsi di qualsiasi cosa. Devo dire che l'atmosfera è *travolgente*, ma ricordati che siamo sulle *tracce* di Luisa!"
Lombardo si scusa.
"Hai ragione, stavo solo scherzando... Scusami. Non è stata una *battuta* molto fortunata, vista la situazione..."
"Appunto. E ti prego pure di finirla con tutte le tue *insinuazioni* su Losanti. Non è davvero divertente per me."
"Scusami ancora, Rosa."
Rosa e Lombardo si dirigono per la via del Circo Massimo verso la

Chiesa di S. Sabina. Si trova in un angolo isolato e tranquillo dell'Aventino, uno dei sette famosi colli su cui si estende Roma.

Übung 89: Lesen Sie weiter und finden Sie sinnvolle Synonyme zu den Wörtern in Klammern!

Rosa avvicina un (1. sacerdote) ________________ che si aggira nell'atrio.

Chiede informazioni su Luisa e gli mostra la sua (2. immagine fotografica) ________________.

"La conosco. L'ho vista più volte nella (3. basilica) ____________ di S. Paolo fuori le Mura col cardinale Rischiati. Mi ricordo di averli visti insieme nel bel *chiostro* poche settimane fa."

"Lo sa che Luisa Bruschi è morta?"

"Morta?!"

Il prete si fa subito più diffidente e *si allontana*, quasi d'istinto, da Rosa.

"È stata *strangolata*… a morte! Ma Lei non legge i (4. quotidiani) ________________? O forse non l'ha saputo da Rischiati?"

Il prete si fa ancora più *schivo*.

"Scusi, ma adesso ho proprio bisogno di andare. Ho un (5. incontro) ________________ in Vaticano tra poco… Mi perdoni, ma devo proprio lasciarLa... Parli direttamente col cardinale Rischiati se vuole avere più (6. dettagli) ______________."

"Lo farò, non ne dubiti", risponde Rosa.
Guarda poi Lombardo, scioccata.
"Ma hai visto? Esiste la mafia *perfino* tra gli uomini di chiesa?"
"Con tutta probabilità sì..."
Sta per *calare* il sole e, come promesso, Lombardo decide, proprio in quel momento, di portare Rosa in uno dei posti *prediletti* dalla stessa Luisa. Riprendono così la macchina.
Lombardo risale per via Trinità dei Monti fino a Piazza del Popolo per arrivare al Pincio.
"Qui vicino c'è un altro luogo che devi assolutamente vedere, Rosa. È Palazzo Barberini, con la sua bella piazza ornata dalla Fontana del Tritone. La sua Galleria Nazionale d'Arte Antica contiene *capolavori* unici di pittura dal XIII al XVI secolo."
L'auto risale la via lungo il viale A. Mickiewicz e intanto si comincia a vedere un panorama bellissimo su tutta la città. Passa sotto la neoclassica casina Valadier, per finire in un *vasto* piazzale.
Lombardo parcheggia tra tante vespe e motorini di ragazzini, che pure sono saliti per godersi questo stupendo momento della giornata.
Rosa e Lombardo *osservano* il tramonto dalla terrazza che *si affaccia* su Piazza del Popolo, e che offre un panorama su tutta Roma.
"Lo vedi il Gianicolo là in fondo? La prossima volta, quando hai chiuso il caso, ti porto là. Anche da lì ci si può godere uno splendido panorama su tutta Roma."
"Mi dispiace dirtelo, Ludovico..."
"Lo so, Rosa. Ti devo portare da Losanti tra poco... Godiamoci però ancora per qualche minuto il tramonto..."

Lombardo prende la mano di Rosa e insieme guardano scendere il sole sui tetti della città.
Si dirigono poi verso il locale Parolaccia.

Übung 90: Lesen Sie weiter und setzen Sie folgende Wörter in die Lücken ein!
(scale, toilette, ristorante, cameriere, entrata, volte)

Losanti aspetta davanti al (1.) ______________, sembra molto agitato. Rosa si accorge subito che qualcosa non va…
Lombardo l'accompagna fino all' (2.) ______________. *Stringe* forte la mano a Losanti, quasi in segno di sfida. Li saluta e *si allontana*, voltandosi poi a guardarli più (3.) ______________, prima di ritornare alla macchina.
"Cosa c'è Carmelo? Ti vedo nervoso…", gli dice Rosa.
"Sembra che mi conosci davvero bene, ormai…"
"Allora, cosa è successo?"
"Anche Luca ritratta tutto adesso. Ha negato tutto quello che mi ha detto il giorno prima. Dice di essersi sbagliato. Ora è sicuro che Carfetti sia rimasto tutta la sera alla (4.) ______________.
Mi ha telefonato da casa sua, perché è stato *licenziato*. Dice di non volermi più vedere e di non disturbarlo più."
"Stai scherzando, vero?"

"Purtroppo no, Rosa..."

Rosa apre la porta del ristorante e scende le (5.) ______________ furiosa.

"Ah, guarda chi si vede... Un travestito con la *parrucca* rossa!" le dice un (6.) ______________.

"*Badi a* quel che dice, Lei! Ma... Come si permette!", gli urla Rosa davvero furiosa adesso.

In quel momento alza una mano e per poco non gli dà un *ceffone*.
"Rosa, Rosa! Fermati, cosa stai facendo! Ti volevo spiegare, prima... In questo ristorante è normale essere *insultati*. Per favore, non arrabbiarti con quel povero cameriere; sta facendo solo il suo lavoro!"
"Cosa?! Qui la gente paga per essere *insultata*? Certo che voi romani siete davvero strani! Carmelo, spiega tu chi siamo, perché altrimenti non rispondo delle mie azioni..."
"Certo che è proprio incattivita come una iena, la Sua amica! Lei ha bisogno di sposarsi, signorina. Ha proprio l'*atteggiamento* di una *zitella*! E poi, come si veste? Ha una camicetta che sembra una tovaglia! Ma non si vergogna ad andare in giro così?"
"Ma, come si permette?! Di nuovo! Si guardi Lei con quel nasone da *aquila*! Ma da dove è uscito questo? E poi la mia camicetta è di uno stilista famoso!", gli urla Rosa, ormai senza controllo.
"Gerasco, fermati. Stai parlando con il commissario Nicoletti. Stiamo *indagando* insieme sul caso di Luisa Bruschi."
"Scusa Carmelo, ma credevo che fosse una delle mille ragazze che ti *rimorchi* in giro... La faccia ce l'ha e non è poi tanto male... *È un tipo*... anche se è isterica!"
"Basta! Lei è... in arresto!" lo *minaccia* Rosa.

"In arresto?! Ma mi faccia il piacere! E per cosa?!"
"Rosa, ti prego, calmati. E tu, Gerasco, smettila. Altrimenti ti arresto davvero per offesa a *pubblico ufficiale*. Calmati anche tu. Non siamo clienti, o almeno per stasera", precisa Losanti.
Si rivolge poi a Rosa.
"Credo proprio che qui non *risolveremo* nulla, Rosa. Come ti ho detto, non sanno niente. Hanno tutti *testimoniato* che Carfetti è stato qui tutta la serata. Inoltre tu sei una donna…"
"E con questo, scusa?"
"Come vedi, non ti prendono troppo sul serio."
Rosa adesso *va* davvero *su tutte le furie*.
"E allora, cosa vuoi dire? Pensi di essere meglio di me?", urla Rosa.
"No, ma qui, in un caso o nell'altro, non *risolviamo* nulla. Credo sia meglio andare a cena e decidere cosa fare", le propone Losanti.
"Io con un maschilista non mangio! E adesso portami in albergo!"

Übung 91: Wie lautet das Gegenteil?

! ÜBUNG 91

1. maschilista ______	6. ordinato ______
2. nervoso ______	7. brutto ______
3. educato ______	8. basso ______
4. rotondo ______	9. leggero ______
5. affamato ______	10. conscio ______

Rosa e Losanti risalgono in macchina. Dopo un'ora di grande litigata, in cui Rosa *minaccia* di andarsene, finalmente fanno pace.
Si fermano a mangiare in un ristorante elegante di Via Veneto, la

via più famosa della dolce vita romana negli anni Cinquanta e Sessanta.

“Che donna che sei, Rosa! *Sei tutto pepe*, tu!”, si permette di dire Losanti.

“Anche tu non scherzi, Carmelo... Ma non *azzardarti* più a dire che una donna non va presa sul serio!”

“Non lo penso io, ma mi sono reso conto che lo pensava quel cameriere. O forse, come ti ho detto, stava facendo solo il suo lavoro. Non possiamo nemmeno prendercela con lui...”

“Beh, io me la prendo, invece. In quel ristorante non ci rimetterò mai più piede, se non per lavoro!”

“A proposito, cosa facciamo adesso? Non abbiamo *testimoni*...”

“Davvero? Per me li abbiamo, invece!”

“Cosa intendi?”

“Ascolta, Carmelo. Carfetti non sa che non abbiamo *testimoni*. Gli facciamo credere che ne abbiamo uno, senza fare nomi, che ci ha detto tutto. Gli facciamo credere che sappiamo per certo che ha lasciato il ristorante e che è tornato più tardi. Gli diciamo pure che abbiamo un *testimone* che l’ha visto al Foro Romano!”

“Dici che funzionerà?”

“Di sicuro, fidati.”

“Ok Rosa, mi fido.”

! ÜBUNG 92

Übung 92: Lesen Sie weiter und unterstreichen Sie alle Substantive im folgenden Absatz!

Rosa e Losanti adesso scherzano come amici per tutta la serata.

Lui la saluta davanti all’albergo.

“Sai, Rosa, mi sono proprio divertito. Comincio ad aver paura di non riuscire a fare più a meno di te!”

"Carmelo, so bene che lo dici a tutte le donne che frequenti. Ricordati che non mi faccio *impressionare* io…"
"Lo so. Per questo mi piaci così tanto!"
Quando Rosa torna in albergo quella sera, trova un sms di Lombardo.
"Buonanotte, Rosa. Un bacio, Ludovico."

Rosa si addormenta felice. Sa che ben presto *risolverà* il caso. Ma il cardinale? Che ruolo ha avuto nella *faccenda*?

Übung 93: Beantworten Sie die Fragen zum Text!

1. Che lavoro fa Rosa?

______

2. Come si chiama il gatto di Rosa?

______

3. Quale macchina guida Losanti per Roma con Rosa?

______

4. Che altra macchina ha Losanti?

______

5. Dove è stata assassinata Luisa Bruschi?

______

6. Su che argomento Luisa stava facendo una ricerca all'università?

______

Capitolo 7: A caccia dell'assassino

Rosa e Losanti passano con la macchina *nei pressi* di Castel Sant'Angelo.

"Lo vedi che bello, Rosa? Non ti ha ancora *conquistato*, Roma?"

Losanti le racconta anche la storia di questo monumento.

"Prende il suo nome dall'angelo che, secondo la leggenda, *Papa* Gregorio Magno vide in cima al castello, quando passò in processione durante la *peste* del 590. Anche se ha subito diverse trasformazioni, soprattutto nel Cinquecento, conserva le stesse linee generali del mausoleo di Adriano."

Rosa e Losanti arrivano puntuali davanti a San Pietro. La basilica e la grandissima piazza fanno rimanere Rosa a bocca aperta. Se la ricordava imponente, ma non così grande.

Rosa *osserva* la monumentalità di Piazza S. Pietro e la grandissima cupola di S. Pietro in Vaticano, una delle più grandi e maestose opere architettoniche di tutti i tempi. Si vede che tutta l'opera *porta l'impronta del* grande Michelangelo, che fece i lavori nel 1546.

ÜBUNG 94 !

Übung 94: Welche Wörter gehören in die Lücken?
(faccia, capolavori, sorriso, musei, uomo, meravigliosi)

"Prima di andarsene, signora, deve vedere i nostri (1.) ____________ Musei del Vaticano, in particolare le Stanze di Raffaello e la Cappella Sistina con i suoi meravigliosi affreschi di Michelangelo e il Giudizio Universale! Sono dei (2.) ____________ unici al mondo! Non deve assolutamente mancare di visitarli. Nei nostri (3.) ____________ abbiamo poi le opere dei maggiori maestri dell'arte antica e moderna. Si conceda un giorno intero per vederli! Se vuole, mi offro io di *farLe da Cicerone*!" dice una voce alle spalle di Rosa.

È il segretario del cardinale. È un grande (4.) ______________ di colore, dalla grande (5.) ______________ e da un largo (6.) ______________.

"Adesso Lei avrà il privilegio di vedere un altro luogo magico del nostro Vaticano: i giardini. Sono davvero meravigliosi, un'oasi nel cuore di Roma."
Rosa guarda Losanti un po' perplessa, davanti a così tante cose da vedere e da imparare.
"Fidati, Rosa, fidati…", le dice lui, quasi leggendole nel pensiero.
Attraversano saloni dalle pareti *ricoperte* di marmo, *arredati* con mobili eleganti e antichi.
Il cardinale li sta aspettando seduto ad un tavolino.
"Accomodatevi, vi prego…", li saluta calorosamente.
I suoi occhi sono però molto tristi. Anche lui sembra stanco, quando si risiede.
"Siamo qui per chiederLe informazioni su Luisa Bruschi…", gli dice Rosa.
"So che eravate molto amici…", aggiunge Losanti.
"Eravamo molto intimi", risponde senza *imbarazzo* il cardinale.
"Allora ammette che eravate…", si permette di *azzardare* Rosa.
"…eravamo padre e figlia. Avevamo quindi un *legame* di sangue. Rimpiango di non esserle stato più vicino…"
Nel dire questo il cardinale non può fare a meno di lasciarsi scappare una lacrima. Raccoglie un *fazzoletto* dalla tasca e se l'asciuga.
"Scusi, ci può spiegare meglio?", gli chiede Rosa.

"Ho avuto una figlia, prima di dedicarmi al *sacerdozio*. Ero innamorato di una donna, una veneziana, ma la *vocazione* è stata più forte. Per anni non ho saputo di avere una figlia e poi, un giorno, è arrivata una lettera. Era Luisa. Mi aveva trovato e mi aveva scritto. Pare che sua madre glielo abbia *confessato* prima di morire."
"Deve essere stato un bel colpo per Lei!", lo interrompe Losanti.
Rosa lo guarda male.
"Per favore, vada avanti...", *insiste* Rosa.

ÜBUNG 95 !

Übung 95: Übersetzen Sie und ergänzen Sie den richtigen bestimmten Artikel!

1. Erfolg ________	5. Vater ________
2. Brief ________	6. Katze ________
3. Taschentuch ________	7. Vogel ________
4. Tochter ________	8. Priester ________

"Al contrario. Ho raggiunto il successo, ho fatto carriera, ma mi sono accorto che in fondo la mia vita è molto vuota. Mi sono accorto che una figlia era proprio il regalo più bello che la vita potesse avermi fatto! Nel momento più triste della mia esistenza, quando avevo tutto, ma avevo capito di non avere in fondo nulla, ho scoperto di avere una figlia, la cosa più bella del mondo! E ora... Ora sono di nuovo solo. La mia *punizione* è dover vivere con questo peso; dover sopportare il fatto di non essere stato abbastanza vicino a mia figlia da proteggerla..."
"Non è stata colpa Sua...", dice Rosa.
"È stata sempre colpa mia! Non ero mai presente nella sua vita, quando lei aveva bisogno di me."

Gli occhi del cardinale si riempiono di lacrime. È un uomo *abbronzato*, dagli occhi marrone intenso. È indubbiamente molto affascinante, ma si vede che in questo momento è molto depresso.
"Per favore, ora andate via. Vi ho detto tutto quello che sapevo. Non perdete tempo con me, piuttosto. Arrestate il suo *assassino*."
"Ha un'idea di chi sia?"
"Certo, è stato sicuramente Carfetti. Ho pagato un'investigatore privato per *indagare*. Pare che qualcuno l'abbia visto la sera stessa *nei pressi* del Foro Romano."
"Davvero? E chi è il *testimone*?", domanda Losanti.
"Purtroppo il *testimone* è sparito. Ha lasciato un numero di telefono e un indirizzo sbagliati al mio investigatore. Vi prego, ora fate il vostro dovere. Arrestatelo e basta, un *testimone* si troverà!"
"Faremo del nostro meglio. Il caso di Sua figlia mi sta davvero a cuore. Era una ragazza molto *in gamba*!"
Rosa si emoziona. Il suo sguardo spazia dai giardini su tutta Roma, dove sa che si nasconde, protetto da tanti amici e conoscenti, l'*assassino* di Rosa.
"Le prometto che il *colpevole* finirà per sempre in *galera*, cardinale!", gli assicura.
"Da quando Luisa è morta, lui è invecchiato improvvisamente… Non mangia, beve a fatica. Ho consultato diversi medici, ma nulla da fare. Spero si riprenda…", fa presente il segretario a Rosa e Losanti, quando li accompagna all'uscita.

Übung 96: Lesen Sie weiter und unterstreichen Sie alle Pronomen im folgenden Absatz!

Rosa guarda Losanti molto determinata.
"Allora, Carmelo, non perdiamo tempo! Direi che arrestiamo

Carfetti subito e usiamo il mio piano!"
"Ho saputo da amici, o meglio dai miei uomini, che al momento Carfetti si trova al Quirinale. Sta tenendo un colloquio col Presidente della Repubblica. Se *ci sbrighiamo* lo possiamo raggiungere in Piazza del Quirinale. Ci saranno gli uomini della sicurezza, ma in ogni caso dovremmo riuscire a parlargli."
"Lo voglio arrestare, non gli voglio parlare", *sottolinea* Rosa.
"Lo so, ma dobbiamo seguire il tuo piano… Non abbiamo *testimoni* ufficiali."
Rosa e Losanti riescono ad avvicinare Carfetti, e lo convincono a fermarsi in un caffè *presso* Piazza della Repubblica e le Terme di Diocleziano.

"Sappiamo che è stato Lei. Se non si libera per parlare con noi, La arrestiamo qui, adesso, davanti ai giornalisti, che sono venuti per farLe delle domande, e ai Suoi uomini!", gli *sussurra* Rosa in un orecchio, non appena lo avvicinano.
Carfetti allora li fa salire direttamente con lui in auto.
Non parlano, finché non arrivano al caffè.
"Vi prego di fare presto", dice loro, non appena si siedono ad un tavolo in un angolo tranquillo del caffè.
"Ricordatevi però che, se avete qualcosa di serio di cui accusarmi, devo rivolgermi prima al mio avvocato!", li *minaccia*, prima che loro gli facciano le domande.
"Credo che abbia bisogno di un avvocato in ogni caso. Sappiamo che è stato Lei. Abbiamo un *testimone*", gli fa presente Rosa.
"Davvero? Sarei curioso di sapere chi è…"
"È sotto protezione, adesso; ha paura. Sappiamo che Lei ha molta influenza e non Le possiamo fare nomi. Ma il *testimone* L'ha vista all'ora dell'omicidio *presso* il Foro Romano."
Carfetti è nervoso. Con lo sguardo cerca gli occhi dei suoi uomini

che lo stanno aspettando all'entrata del locale. Uno di loro entra.
"Tutto bene, signore?", gli dice.
"Tutto bene, tutto bene, Raoul. Torna pure fuori, per favore."
"Allora *confessa*? Se *confessa*, è sicuramente meglio… Il giudice ne terrà conto!", *insiste* Rosa.

Übung 97: Lesen Sie weiter und setzen Sie die Verben in die richtige Form!

"Cosa (1. succedere) ____________, Eugenio?", gli dice Losanti in tono più *confidenziale* e amichevole.

"(2. sapere – noi) ____________ che (3. essere) ____________ solo un brutto incidente. C'è un *testimone*. Ti hanno visto, capisci? Quindi ora (4. dire – a me) ____________ cosa è successo veramente, e vedo se ti posso aiutare…"

In quel momento Carfetti (5. *crollare*) ____________ all'improvviso.

"Sono andato al Foro Romano, ma non sono stato io! Non sono stato io! Dovevo farlo io, ma non ne (6. avere) ____________ il coraggio! Alla fine mi ero davvero innamorato di lei. Non avrei mai potuto ucciderla! Non avrei mai potuto *strangolarla* in quel modo e lasciarla lì!"

"Allora, perché avevi pensato di *ucciderla*?"
"*Minacciava* di dire tutto a mia moglie. Voleva che prendessi una decisione. Io sapevo di non poter *divorziare*, ma al tempo stesso ero innamorato di Luisa. Volevo che nessun'altro l'avesse. Lei era mia, solo mia… Avevo progettato tutto quella sera. La volevo davvero uccidere, ma alla fine non ce l'ho fatta… Non ne ho avuto il coraggio…"
Carfetti si mette a piangere. A questo punto, entrano tutte le sue *guardie del corpo*.
"Per favore, ragazzi! Non createmi anche voi problemi! Vi ho detto di aspettare fuori!", dice loro.
"Ok, capo. Pensavamo avesse bisogno di noi!", gli dicono loro e tornano ad aspettare davanti alla porta a vetri dell'ingresso.
A questo punto anche gli altri ospiti del locale li guardano. Alcuni sono incuriositi, altri sono *impauriti*. Preferiscono pagare e *allontanarsi*.
Rosa *osserva* la scena scioccata. Non sa se credergli o meno. Sembra però sincero.
"Ma allora, chi è stato ad averla uccisa, se non Lei?" domanda Rosa in tono molto serio.
"È stata, purtroppo, quella folle di mia moglie!" dice Carfetti.
"Diventa forte come una tigre, quando vuole! È una donna molto *viziata*. Non sopportava di avere un'*avversaria* così bella e giovane. Inoltre si era accorta che io mi ero davvero innamorato di Luisa. Tornavo sempre meno a casa la sera, ero diventato più distratto… Pensavo sempre a Luisa!"
Rosa resta *impressionata* dal cambiamento così improvviso di Carfetti. Mai si sarebbe immaginata di vederlo *crollare* in quel modo, ma in fondo è un grande *vigliacco*.
E poi, forse, è anche a suo modo contento che Luisa possa finalmente essere *vendicata*.

Übung 98: Welches Wort ist das „schwarze Schaf"? Unterstreichen Sie!

1. vile, vigliacco, coraggioso
2. innamorato, addolorato, invaghito
3. scioccato, meravigliato, stanco
4. ucciso, vivace, assassinato
5. attento, interessato, svogliato
6. complicato, difficile, ambizioso

"Ci puoi dire che cosa è accaduto esattamente quella sera?", gli dice Losanti, di nuovo in tono *confidenziale*.

"Sono arrivato al Foro Romano e sono entrato. Ho visto Luisa che mi aspettava. Sembrava nervosa. Credo immaginasse che non sarei arrivato più. Mia moglie deve avermi seguito. Le avevo detto che non sarei rientrato quella sera: avevamo litigato. Lei mi aveva detto che dovevo chiudere, ed io sapevo di doverlo fare. Non avevo scelta, altrimenti mia moglie avrebbe parlato ai giornali. Avrebbe distrutto la mia carriera e tutta la mia esistenza. Io non sono nulla senza i suoi soldi e il prestigio della sua famiglia. La mia carriera sarebbe stata rovinata!"

"Ma quindi, per Lei, la politica è più importante dell'amore?", non riesce a fare a meno di chiedere Rosa.

"Non avevo scelta. Lei non ha mai fatto politica. Il potere è come una droga, ti rovina. Lei non può capire. Anche l'amore è così. Per questo non volevo che nessun'altro avesse Luisa. È strano, avevo pensato di *strangolarla*, proprio come ha fatto poi mia moglie. Ma non ho avuto il coraggio… Me ne sono andato. Sono tornato al ristorante…"

"Come hai scoperto che è stata tua moglie?" gli chiede Losanti.

"Quando sono tornato, era distrutta. Piangeva *piegata in due* sul divano. Diceva 'l'ho fatto, l'ho fatto!' Mi è bastato poco per capire. E poi lei ha *confessato*! Che orrore! Povera Luisa, non ci potevo credere!"

ÜBUNG 99

Übung 99: Lesen Sie weiter und unterstreichen Sie alle Adjektive im folgenden Abschnitt!

Carfetti comincia a piangere in modo molto rumoroso. Losanti gli propone di accompagnarlo al commissariato, senza *ammanettarlo*. Carfetti lo segue a testa bassa. Sale in auto insieme ai suoi uomini, e aspetta Losanti per andare al commissariato.
"Rosa, torna pure in albergo a riposare… Penserò io a far arrestare la moglie di Carfetti", le dice Losanti.
"Questa gente ha sempre un trattamento particolare, vero Carmelo?", gli risponde Rosa un po' *amareggiata*.

Lui non le risponde. *Si allontana*, sale in auto al fianco di Carfetti e la *osserva* dal finestrino, mentre la macchina parte.

ÜBUNG 100

Übung 100: Beantworten Sie die Fragen zum Text!

1. Chi è il fondatore di Roma?

____

2. Da chi sono stati allevati Romolo e Remo?

____

3. In quale Stato si trova S. Pietro?

____

4. Dove porta Lombardo Rosa a vedere il tramonto?

____

5. Dove combattevano i gladiatori?

____

6. Dove si mette la mano per controllare se si mente?

____

Capitolo 8: Tutto è bene quel che finisce bene

Rosa e Lombardo sono sull'Isola Tiberina, dove stanno aspettando Losanti. Lombardo è finalmente riuscito a mostrare a Rosa il *pittoresco quartiere* del Ghetto, con la bellissima Fontana delle Tartarughe, dove lei gli ha di nuovo permesso di prenderle la mano. Si sono dati appuntamento lì con Losanti per festeggiare. Lombardo voleva però mostrare a Rosa anche quel luogo secondo lui particolarmente romantico. Le aveva quindi dato appuntamento un po' prima.

Übung 101: Ordnen Sie die Buchstaben zu einem sinnvollen Wort!

"Allora Rosa, sei (1. efeilc) ______________ adesso?" le domanda Lombardo.

"In un certo senso, Ludovico… La moglie di Carfetti *si* è *sparata* non appena ha visto arrivare la (2. zioplia) ______________ *a sirene spiegate*. Ha capito subito cosa era successo: conosceva fin

ÜBUNG 101 !

troppo bene suo (3. armito) ________________. Sapeva che era debole e che prima o poi avrebbe confessato. Alla fine, quindi, nessuno ha davvero pagato per l' (4. icodimio) ________________ di Luisa. Carfetti è (5. olbrie) ________________. In fondo non ha *commesso* alcun *reato* …"

"Ma quella (6. oannd) ________________ ha pagato a modo suo…"

"Sì, ma avrei preferito vederla subire un processo e finire in prigione, come tutti i (7. amirilcni) ________________."

"Ha preferito la (8. romet) ________________ al disonore…"

"Non riesco a darmi pace per quella povera ragazza."

"Non è (9. polca) ________________ di nessuno, Rosa. È la vita. Il destino di ognuno di noi è purtroppo segnato."

"La pensi davvero così, Lombardo?"

"Ne sono convinto! Per questo dobbiamo goderci ogni momento con la massima intensità e vivere ogni (10. ornigo) ________________ della nostra vita come se fosse l'ultimo."

In quell'istante Rosa *si volta* verso Lombardo e, non sa nemmeno lei come, lo bacia teneramente sulle labbra.
Losanti li *osserva* dal Lungotevere, da dove stava per raggiungerli.
Si ferma per un istante, li guarda di nuovo.
Sono proprio carini!, pensa tra sé.
Poi, con un sorriso ironico da uomo di mondo che sa accettare una sconfitta, *si volta* e se ne va.

Übung 102: Wie lautet der Plural?

1. l'uomo di mondo ______________________
2. un breve istante ______________________
3. la dura sconfitta ______________________
4. la massima intensità ______________________
5. il dolce addio ______________________
6. il tenero bacio ______________________

Abschlusstest

Übung 1: Wie lautet der bestimmte Artikel?

1. _____ uomo
2. _____ uomini
3. _____ gnomo
4. _____ donne
5. _____ maiali
6. _____ gnocchi
7. _____ parole
8. _____ sguardo

Übung 2: Wie lautet das Gegenteil?

1. bello ____________________
2. onesto ____________________
3. ordinato ____________________
4. basso ____________________
5. grasso ____________________
6. veloce ____________________

Übung 3: Übersetzen Sie die folgenden Sätze!

1. Ieri sono andato al cinema.

____

2. Ho mangiato solo una mela per pranzo.

____

3. Vivo con la mia amica Luisa.

____

4. Lavoro all'università.

____

5. Mi piacciono gli uomini italiani.

____

6. So parlare bene italiano e inglese.

____

Übung 4: Unterstreichen Sie das „schwarze Schaf"!

1. vincere, trionfare, perdere
2. piangere, sorridere, disperarsi
3. vedere, guardare, spiare
4. vendere, acquistare, comperare
5. combattere, vincere, lottare
6. celarsi, trionfare, nascondersi

Übung 5: Setzen Sie die Verben in der richtigen Form ein!

1. Ieri Luisa ____________________ (mangiare) gli spaghetti per cena.
2. Un anno fa le ____________________ (io – scrivere) che era tutto finito.
3. Se non me lo ____________________ (tu – dire) avrei fatto una brutta fine.

4. Se potessi ______________ (partire) subito per l'Italia.
5. Non mi ______________ (piacere) la vaniglia.
6. Tutti i voli aerei ______________ (cancellare) a causa dello sciopero.

Übung 6: Setzen Sie die folgenden Sätze ins Perfekt!

1. Oggi compero un vestito nuovo.

____

2. Lavoro tutto il giorno.

____

3. Vado al cinema a vedere il nuovo film di Muccino.

____

4. I bambini giocano in cortile.

____

5. La nonna fa gli gnocchi.

____

Übung 7: Formulieren Sie die Sätze im Passiv!

1. Mi hanno fatto domande difficili.

____

2. Ho mangiato una mela.

____

3. Hanno chiuso la strada a causa di un incidente.

____

4. Il ragazzo in motorino ha investito una signora.

____

5. Hanno raccolto i pomodori prima della fine dell'estate.

____

Übung 8: Wie lautet das Partizip Perfekt folgender Verben?

1. mettere ______________
2. rimanere ______________
3. perdere ______________
4. aprire ______________
5. bere ______________
6. offrire ______________

Übung 9: Welche Wörter gehören zusammen?

1. un gruppo di	☐	a) animali
2. un branco di	☐	b) libri
3. un cumulo d	☐	c) gente
4. una pila di	☐	d) persone
5. una fila di	☐	e) vestiti
6. un ammasso di	☐	f) pietre

Lösungen

Übung 1: 1. il 2. la 3. il 4. il 5. la 6. il 7. l' 8. il
Übung 2: 1. Luisa ha passato l'esame. 2. Il vestito è costato molto. 3. Il ladro ha rubato la macchina. 4. I soldi non sono bastati. 5. Il gatto si è morso la coda. 6. Le ore sono passate veloci.
Übung 3: 1. una 2. una 3. una 4. un 5. un' 6. un 7. un 8. una 9. una 10. un
Übung 4: 1. trasferito 2. aspettato 3. ottenuto 4. collaborato 5. chiesto 6. lavorato 7. messo 8. deciso
Übung 5: 1. nel 2. nel 3. nel 4. dello 5. dei 6. dell' 7. del 8. nell'
Übung 6: essere: sono, sei, è, siamo, siete, sono; avere: ho, hai, ha, abbiamo, avete, hanno
Übung 7: 1. ha avuto 2. hanno comperato 3. sono arrivati 4. è andata 5. ha mangiato 6. ha lasciato 7. ha trovato 8. avete preso
Übung 8: 1. le persone 2. le amiche 3. le guide turistiche 4. gli esami 5. le vergini 6. i turisti italiani 7. le sue specialità
Übung 9: 1. andando 2. essendo 3. dormendo 4. prendendo 5. finendo 6. bevendo 7. mangiando 8. rubando 9. facendo 10. dicendo
Übung 10: 1. Luisa sta facendo una ricerca al Foro Romano. 2. Ludovico sta lavorando all'università. 3. I bambini stanno giocando in giardino. 4. Ieri alle 20 stavamo andando al cinema. 5. No, ma stiamo lavorando adesso. 6. Stavo facendo una doccia.
Übung 11: 1. giovani 2. lunghi 3. italiana 4. bianco, rosso 5. rosse, viola 6. stretti, larghi
Übung 12: 1. le ciliegie rosse 2. le banane gialle 3. le belle case 4. le belle città 5. i buoni bambini 6. i buoni gnocchi 7. gli astuti poliziotti
Übung 13: 1. Il suo vestito 2. Il suo gatto 3. La sua macchina 4. Le loro scarpe 5. I nostri esami 6. Il suo orologio
Übung 14: 1. città 2. vita 3. bambina 4. morte 5. pensa 6. tempi
Übung 15: 1. h 2. g 3. l 4. d 5. f 6. a 7. i 8. e 9. c 10. b
Übung 16: 1. quando 2. perché 3. perché 4. Quando 5. quando 6. quando
Übung 17: 1. Quando 2. Quando 3. Chi 4. Dove 5. Perché 6. Che cosa 7. Dove 8. Chi
Übung 18: 1. che 2. di 3. di 4. dei 5. che 6. che
Übung 19: 1. nervoso 2. amoroso 3. lungo 4. leggero 5. bello 6. alto 7. lento 8. veloce
Übung 20: 1. È 2. rimangono, vogliono 3. dorme 4. può 5. vado, piace 6. decidiamo 7. preferisco
Übung 21: 1. f 2. j 3. a 4. b 5. i 6. c 7. d 8. e 9. g 10. h
Übung 22: 1. assassinato 2. strangolato 3. combattuto 4. letto 5. lavorato 6. messo 7. fatto 8. bevuto 9. aperto
Übung 23: 1. Lavorerò al caso. 2. Mi vedrò con Mario. 3. Tornerò verso le 16. 4. Mia sorella arriverà domani. 5. (Noi) andremo in vacanza la prossima estate. 6. Dovrò lavorare. 7. Lascerò le chiavi sotto lo zerbino. 8. Ti aiuterò io fra un ora.

Übung 24: 1. e 2. perché 3. finché 4. invece 5. eppure 6. ma
Übung 25: 1. più, dell' 2. più, di 3. più, di 4. più, che 5. più, che 6. più, di
Übung 26: 1. bellissima 2. altissimo 3. grandissimo/a 4. buonissimo 5. simpaticissimo
Übung 27: 1. Fate 2. Fai/Fa' 3. lasciate 4. arrabbiarti/ti arrabbiare 5. urli 6. alzatevi 7. Rimetti 8. smettila 9. sii
Übung 28: 1. Le 2. Gli 3. loro 4. Gli 5. Mi 6. Le 7. Lo 8. Gli 9. Gli
Übung 29: 1. nel 2. per 3. ad 4. a 5. di 6. con 7. ai
Übung 30: 1. i suoi lavori 2. le sue energie 3. i miei gatti 4. i tuoi vestiti 5. i loro spazzolini da denti 6. i nostri compiti 7. i suoi casi
Übung 31: 1. Non l'ha sentito ieri. 2. Luisa non è andata al Foro Romano. 3. Non ha preso appuntamento davanti al cinema. 4. Non le ha telefonato. 5. Non ho guardato la televisione fino a tardi. 6. Mario non è andato a fare la spesa.
Übung 32: 1. è 2. Ha 3. ha 4. ha 5. ha 6. sono 7. puoi 8. fanno 9. si perdono 10. sono
Übung 33: 1. Rosa si è messa a ridere. 2. Sono andato in Italia per dieci mesi a studiare l'italiano. 3. Rosa ha portato il suo gatto Giuseppe da una vicina. 4. Ludovico ha preso la metropolitana. 5. Non siamo andati in spiaggia, siamo rimasti a casa. 6. Quanto è durato il colloquio di lavoro? 7. Rosa ha viaggiato in treno.
Übung 34: 1. direttamente 2. probabilmente 3. velocemente 4. lentamente 5. pigramente 6. sicuramente
Übung 35: 1. l'avesse sposata 2. mi avesse, visto 3. fossi partito 4. fosse, venuto 5. fossimo andati 6. avesse vinto 7. fossi venuto
Übung 36: 1. fossi innamorato 2. fosse uscita 3. stesse 4. sarebbe ritornato 5. pagaste 6. fosse 7. avrebbe denunciato
Übung 37: 1. sicura 2. camera 3. il suo appartamento 4. triste 5. davvero 6. vestiti
Übung 38: 1. Luisa si è sentita spesso molto sola nella vita. 2. Caterina si è accorta che qualcosa non va/andava. 3. Il bambino si è addormentato. 4. Il gatto si è stirato le zampe posteriori. 5. Luca si è reso conto di non essere preparato per l'esame. 6. Laura si è guardata davanti allo specchio.
Übung 39: 1. sistemarsi 2. sentire 3. mettersi 4. indossare 5. abbinare 6. stare a meraviglia 7. risaltare 8. riconoscere 9. avere bisogno
Übung 40: 1. in 2. a 3. per 4. in 5. Nell' 6. in mezzo 7. alle 8. al 9. a
Übung 41: 1. c 2. h 3. f 4. a 5. b 6. d 7. e 8. g
Übung 42: 1. Non vorrei cominciare a fare i compiti, ma devo. 2. Vorrei diventare un medico. 3. Non vorrei partire. 4. Dovrei telefonare alla mamma. 5. Avrei bisogno di un po' di riposo. 6. Mi piacerebbe avere buoni amici.
Übung 43: 1. è 2. sono 3. ho 4. è 5. abbiamo 6. hanno 7. ha 8. sei 9. ha
Übung 44: 1. a 2. a 3. b 4. b
Übung 45: 1. Il libro è stato comperato da Luigi. 2. La banana è stata mangiata da me. 3. Un vestito e un paio di pantaloni sono stati comperati da Enzo. 4. Molte bellissime poesie sono state scritte da Giacomo Leopardi. 5. L'impera-

tore Cesare è stato ucciso da Bruto. 6. Romolo e Remo sono stati allevati da una lupa.

Übung 46: 1. a 2. di 3. di 4. di 5. per 6. per 7. di 8. a 9. per

Übung 47: 1. il 2. il 3. il 4. l' 5. il 6. i 7. la 8. gli 9. lo 10. la

Übung 48: 1. b 2. e 3. d 4. a 5. h 6. c 7. f 8. g

Übung 49: 1. era 2. ho letto 3. mi sono svegliato 4. è partito 5. ho incontrato 6. dovevo finire 7. ho letto 8. vedevo

Übung 50: 1. Li 2. Ti 3. Mi 4. gli 5. le 6. li 7. Vi 8. le 9. Le 10. Vi

Übung 51: 1. bellezza 2. grandezza 3. altezza 4. magrezza 5. rotondità 6. leggerezza

Übung 52: 1. fondava 2. leggeva 3. scriveva 4. confrontava 5. stava 6. incontravamo 7. piangevano 8. arrivavo

Übung 53: 1. Nel frattempo 2. Ieri 3. Oggi 4. troppo 5. bene 6. più 7. attentamente 8. molto bene

Übung 54: 1. voglia 2. stia 3. arrivi 4. abbia mostrato 5. fosse 6. abbia 7. sia diventato 8. esca

Übung 55: 1. b 2. a 3. f 4. c 5. d 6. e

Übung 56: 1. d' 2. in 3. di 4. con 5. a 6. A 7. di 8. sul 9. di 10. di

Übung 57: 1. Rosa è dovuta scendere a raggiungere Losanti. 2. Sono dovuto andare a fare la spesa. 3. Ho potuto aiutarti. 4. I miei amici sono voluti venire a trovarmi. 5. Rosa ha dovuto prendere il treno. 6. Angela è voluta andare al cinema.

Übung 58: 1. scodinzolando 2. leggendo 3. Passando 4. mentendo 5. Vedendolo 6. avendo 7. Organizzandoti

Übung 59: 1. Stiamo facendo i compiti. 2. Stiamo andando a giocare in giardino. 3. Stavo facendo una doccia. 4. Luigi e Marta stanno studiando in biblioteca. 5. La nonna sta preparando una torta. 6. La sto scrivendo adesso.

Übung 60: 1. perché 2. Anche se 3. ma 4. Benché 5. Dopo che 6. affinché

Übung 61: 1. avrò finito, partirò 2. avrà detto, sposerò 3. avrai restituito, presterò 4. avrai detto, riparleremo 5. rientrerai, avremo mangiato 6. riparleremo, sarai ritornato

Übung 62: 1. infastidito 2. arrabbiato 3. seccato 4. paziente 5. laborioso 6. malato

Übung 63: 1. c 2. f 3. a 4. b 5. h 6. g 7. d 8. e

Übung 64: 1. Thomas è di sicuro/sicuramente in ritardo. 2. È molto tardi. 3. Che cosa hai fatto ieri? 4. Parla molto bene italiano. 5. I miei bambini giocano sempre volentieri. 6. Vengo subito!

Übung 65: 1. furiosamente 2. sicuramente 3. probabilmente 4. frettolosamente 5. pigramente 6. facilmente

Übung 66: 1. troveremo 2. imparerà 3. penserai 4. riusciremo 5. andranno 6. mi trasferirò 7. scriverai 8. arriverò

Übung 67: 1. sempre 2. spesso 3. Ogni volta 4. Talvolta 5. per sempre 6. mai 7. mai

Übung 68: 1. abbassava, significava 2. era 3. frequentavo 4. scodinzolavano 5. facevo 6. erano, amavano 7. era
Übung 69: 1. sfortuna 2. tasca 3. cornetto 4. superstizioso 5. fortuna
Übung 70: 1. semplicemente 2. vero 3. felicemente 4. triste 5. attentamente 6. preciso 7. buoni 8. bene
Übung 71: 1. Telefonagli domani. 2. Ricordati di portarli a casa dopo la scuola. 3. Gli hai parlato dei tuoi problemi? 4. Le piace Eros Ramazzotti. 5. Le hai detto quanto la ami? 6. Vi hanno dato i risultati della prova di guida?
Übung 72: 1. infelice 2. sfortunato 3. vecchio 4. equilibrato 5. facile
Übung 73: 1. fu 2. crebbe 3. venni 4. chiesero 5. parlasti 6. conobbe 7. ebbe 8. vollero
Übung 74: 1. avere sede 2. ribattere 3. proseguire 4. mostrare 5. chiudere 6. avere 7. presentarsi 8. tenere
Übung 75: 1. tengono, attraversano 2. Parlando, vende 3. fa le fusa, coccola 4. Guardando, piango 5. Passando, mi fermo 6. guarda la televisione, fa i compiti
Übung 76: 1. Non vorrei partire, ma devo. 2. Mangerei una granita alla menta. 3. Vorrei andare in vacanza. 4. Avrei bisogno di un po' di riposo. 5. Dovrei scrivere a mia madre. 6. Lavorerei volentieri meno ore. 7. I bambini finirebbero volentieri tutti i compiti.
Übung 77: 1. davanti a 2. In mezzo 3. di fronte 4. di fianco 5. all'angolo 6. sulla cima
Übung 78: 1. sulla 2. per 3. dall' 4. dalla 5. dalle 6. dalle, alle 7. della 8. con 9. a 10. al
Übung 79: 1. un 2. un 3. un 4. una 5. un 6. un' 7. uno 8. un 9. un' 10. un'
Übung 80: 1. macchina 2. guancia 3. momento 4. caso 5. vicino 6. stanza
Übung 81: 1. camerieri 2. mani 3. serata 4. coraggio 5. paura 6. vergogna 7. mafia 8. gente 9. prova
Übung 82: 1. pazzo 2. isterico 3. coccolone 4. orribile 5. scontroso 6. vanitoso
Übung 83: 1. parcheggia 2. passano 3. escono 4. cerca 5. portare 6. mostrarle
Übung 84: 1. occhi 2. cattedrale 3. bella 4. Papa 5. nessuno 6. turisti 7. macchina
Übung 85: 1. Vado al cinema. 2. Vado a ballare. 3. Mi piacciono i gialli e leggo molto volentieri. 4. Quando parti per Roma? 5. Mi sono innamorato di Luisa. 6. Non ho alcuna/nessuna voglia di parlarne.
Übung 86: 1. nella 2. di 3. di 4. alla 5. di 6. a 7. per 8. di
Übung 87: 1. Si sono goduti entrambi il pranzo. 2. Rosa e Ludovico si vogliono davvero bene. 3. A Rosa piacciono i gatti. 4. Roma è una citta con tanta storia. 5. Losanti vive a Roma. 6. Ludovico lavora all'università di Roma per un certo periodo.
Übung 88: 1. c 2. a 3. b 4. f 5. e 6. d
Übung 89: 1. prete 2. fotografia 3. chiesa 4. giornali 5. appuntamento 6. informazioni
Übung 90: 1. ristorante 2. entrata 3. volte 4. toilette 5. scale 6. cameriere

Übung 91: 1. femminista 2. calmo 3. maleducato 4. angolare 5. sazio 6. disordinato 7. bello 8. alto 9. pesante 10. inconscio
Übung 92: amici, serata, albergo, paura, donne, albergo, sera, sms, bacio
Übung 93: 1. Rosa fa il commissario di polizia. 2. Il gatto di Rosa si chiama Giuseppe. 3. Losanti guida per Roma con Rosa una Cinquecento. 4. Losanti ha anche una Ferrari. 5. Luisa è stata assassinata al Foro Romano. 6. Luisa stava facendo una ricerca all'università sulle Vestali.
Übung 94: 1. meravigliosi 2. capolavori 3. musei 4. uomo 5. faccia 6. sorriso
Übung 95: 1. il successo 2. la lettera 3. il fazzoletto 4. la figlia 5. il padre 6. il gatto 7. l'uccello 8. il prete
Übung 96: mio, miei, lo, -gli (parlargli), lo, gli, lo, tuo, lo
Übung 97: 1. è successo 2. Sappiamo 3. è stato 4. dimmi 5. crolla 6. ho avuto
Übung 98: 1. coraggioso 2. addolorato 3. stanco 4. vivace 5. svogliato 6. ambizioso
Übung 99: rumoroso, bassa, particolare, amareggiata
Übung 100: 1. Il fondatore di Roma è Romolo. 2. Romolo e Remo sono stati allevati da una lupa. 3. S. Pietro si trova in Vaticano. 4. Lombardo porta Rosa a vedere il tramonto sul Pincio. 5. I gladiatori combattevano nel Colosseo. 6. Per controllare se si mente si mette la mano nella Bocca della Verita.
Übung 101: 1. felice 2. polizia 3. marito 4. omicidio 5. libero 6. donna 7. criminali 8. morte 9. colpa 10. giorno
Übung 102: 1. gli uomini di mondo 2. dei brevi istanti 3. le dure sconfitte 4. le massime intensità 5. i dolci addii 6. i teneri baci

Lösungen Abschlusstest

Übung 1: 1. l' 2. gli 3. lo 4. le 5. i 6. gli 7. le 8. lo
Übung 2: 1. brutto 2. disonesto 3. disordinato 4. alto 5. magro 6. lento
Übung 3: 1. Ich bin gestern ins Kino gegangen. 2. Zum Mittagessen habe ich nur einen Apfel gegessen. 3. Ich wohne mit meiner Freundin Luisa zusammen. 4. Ich arbeite an der Uni. 5. Mir gefallen die italienischen Männer. 6. Ich kann gut Italienisch und Englisch sprechen.
Übung 4: 1. perdere 2. sorridere 3. spiare 4. vendere 5. vincere 6. trionfare
Übung 5: 1. ha mangiato 2. scrissi 3. avessi detto 4. partirei 5. piace 6. sono stati cancellati
Übung 6: 1. Oggi ho comperato un vestito nuovo. 2. Ho lavorato tutto il giorno. 3. Sono andato al cinema a vedere il nuovo film di Muccino. 4. I bambini hanno giocato in cortile. 5. La nonna ha fatto gli gnocchi.
Übung 7: 1. Mi sono state fatte domande difficili. 2. Una mela è stata mangiata da me. 3. La strada è stata chiusa a causa di un incidente. 4. Una signora è stata investita dal ragazzo in motorino. 5. I pomodori sono stati raccolti prima della fine dell'estate.
Übung 8: 1. messo 2. rimasto 3. perso 4. aperto 5. bevuto 6. offerto
Übung 9: 1. c 2. a 3. f 4. b 5. d 6. e

Glossar

f	Femininum
fam	umgangssprachlich
fig	bildlich
m	Maskulinum
irr	unregelmäßig
pl	Plural
rom	römischer Dialekt
v	Verb

abbinare *v*	kombinieren; verbinden
abbordare *v, fam*	anmachen *fam,* ansprechen
abbraccio *m*	Umarmung
abbronzare *v*	bräunen
abbrustolire *v*	rösten
abituarsi *v*	sich gewöhnen
abusivo	unerlaubt, unbefugt; rechtswidrig
accedere *v irr*	Zugang haben
accoltellare *v*	erstechen
a disposizione	zur Verfügung
afa *f*	Schwüle
affacciarsi *v*	blicken, zeigen auf/nach
affari *m, pl* **propri**	eigene Angelegenheiten
agrodolce	süßsauer
al di fuori	außerhalb
alibi *m* **di ferro** *fig*	wasserdichtes Alibi
allattare *v*	stillen, säugen
allontanarsi *v*	sich entfernen
allusione *f*	Anspielung, Andeutung
al riguardo	diesbezüglich
alterato	verärgert

amareggiato	verbittert
ammanettare *v*	Handschellen anlegen
andare *v* **su tutte le furie** *fig*	sehr wütend werden, aufbrausen
anello *m* **di fidanzamento**	Verlobungsring
anguria *f*	Wassermelone
anima *f*	Seele
animo *m*	Gemüt
annaspare *v* **nel buio** *fig*	im Dunkeln tappen *fig*
annesso	anliegend, verbunden, angrenzen
ansa *f*	hier: Flussschleife; Krümmung
anziano	alt, betagt
a posto	in Ordnung
apparentemente	scheinbar
approfondire *v*	vertiefen
aquila *f*	Adler
arredare *v*	einrichten
arrossire *v irr*	rot werden
artigiano/a *m, f*	Handwerker(in)
a sirene spiegate	mit Sirenengeheul
assassinare *v*	umbringen
assassino/a *m, f*	Mörder(in)
atteggiamento *m*	Haltung, Verhalten
attrarre *v irr*	anziehen; faszinieren
avere *v* **il sangue freddo** *fig*	kaltblütig sein
avvelenare *v*	vergiften
avversario/a *m, f*	Gegner(in)
avvicinamento *m*	Annäherung
avvolgere *v irr*	umwickeln
azzardarsi *v*	wagen
badare *v* **a**	sich kümmern um; aufpassen
battuta *f*	Witz, Scherz
biglietto *m* **da visita**	Visitenkarte
brillantina *f*	(Haar-)Gel; Pomade
brillare *v*	leuchten

brivido *m*	Schauer
bruciare *v*	(ver)brennen
buongustaio/a *m, f*	Feinschmecker(in)
calare v	hereinbrechen (Nacht); untergehen (Sonne); sinken
capolavoro *m*	Meisterwerk
carnagione *f*	Hautfarbe, Teint
Caspita! *fam*	Donnerwetter!
castità *f*	Keuschheit
cautela *f*	Vorsicht
cava *f* **di pietra**	Steinbruch
cavallo berbero	Berberpferd
cavarsela *v*	hier: davonkommen zurechtkommen
ceffone *m*	Ohrfeige
cellulare *m*	Handy
chiacchiera *f*	Plauderei, Schwätzchen
chiostro *m*	hier: Kreuzgang; Kloster
chiusino *m*	(Kanal-)Deckel
ciondolo *m*	Anhänger
clacson *m*	Hupe
coccio *m*	Tonscherbe
cocente	glühend
collare *m*	Halsband
colonna *f*	Säule
colpevole *f, m*	Schuldige(r)
combattere *v*	kämpfen, streiten
combattimento *m*	Kampf
commettere *v irr* **un reato**	ein Verbrechen begehen
commuoversi *v irr*	gerührt sein
complicità *f*	Komplizenschaft; Einverständnis
comprendere *v irr*	umfassen, enthalten; verstehen
confessare *v*	gestehen
confidenziale	vertraulich

confrontare *v*	vergleichen
conquistare *v*	erobern
consacrare *v*	weihen; widmen
convento *m*	Kloster
corinzio	korinthisch
cornetto *m*	hier: hornförmiges Amulett; Hörnchen; Croissant
corno *m,* **le corna** *f, pl*	Horn, Hörner
cornuto *fam*	hier: gehörnt *fam,* betrogen
costringere *v irr*	zwingen
crollare *v*	hier: aufgeben, zusammenbrechen; (zusammen)fallen
crostino *m*	geröstete Weißbrotscheibe mit Belag
cruscotto *m*	hier: Handschuhfach; Armaturenbrett
culla *f*	Wiege
custodire *v irr*	bewachen; (auf)bewahren
danneggiare *v*	schädigen
dare *v irr* **risalto**	hervorheben
darsela *v irr* **a gambe** *fig*	sich aus dem Staub machen *fig*
del resto	übrigens; ansonsten
denunciare *v*	anzeigen
deputato/a *m, f*	Abgeordnete(r)
dichiarazione *f*	Erklärung
digitare *v*	(ein)tippen, eingeben
dirigersi *v irr*	sich begeben, gehen, zusteuern
discendente *f, m*	Nachfahre, Nachfahrin
divieto *m* **di sosta**	Halteverbot
divorziare *v*	sich scheiden lassen
divorzio *m*	Scheidung
dopo di che	danach
doratura *f*	Vergoldung
dottorato *m* **di ricerca**	Promotion

È acqua passata. *fig*	Das ist Schnee von gestern. *fig*
eccesso *m* **di velocità**	überhöhte Geschwindigkeit
edicola *f*	Kiosk
egizio	(alt)ägyptisch
eleggere *v irr*	wählen
elettorale	Wahl-
elezione *f*	Wahl
equilibrio *m*	Gleichgewicht
erigere *v irr*	errichten, erbauen
esibirsi *v*	hier: auftreten; sich in Szene setzen
essere *v* **(un) appassionato di**	sich begeistern für, eine Leidenschaft haben für
essere *v* **in grado di**	fähig sein
essere *v* **tutto pepe** *fig*	temperamentvoll sein
eternità *f*	Ewigkeit
È un tipo!	interessante Frau, interessanter Mann
faccenda *f*	Angelegenheit, Sache
facciata *f*	Fassade
fama *f*	Ruf, Ansehen
fare *v irr* **colpo su qualcuno** *fig*	jemanden beindrucken
fare *v irr* **da Cicerone** *fig*	führen
fare *v irr* **una brutta figura** *fig*	eine schlechte Figur machen, sich blamieren
farsi *v irr* **i fatti propri**	sich um seine eigenen Angelegenheiten kümmern
farsi *v irr* **in quattro** *fig*	sich die Beine (für jemanden) ausreißen
fastidio *m*	Verdruss; Störung, Belästigung
fatalità *f*	Schicksalhaftigkeit; Unglück
fazzoletto *m*	Taschentuch
feroce	wild

figliastro/a *m, f*	Stiefsohn, Stieftochter
filo *m*	Faden
fisico	physisch, körperlich
fortezza *f*	Festung
frammento *m*	Bruchstück, Fragment
frequentazione *f*	hier: regelmäßiges Treffen; Besuchen
frizzante	hier: aufregend; sprudelnd; kribbelnd
frustare *v* **a morte**	zu Tode peitschen
fulvo	rötlich
fumi *m, pl* **dell'alcool**	Alkoholeinfluss
galera *f*	Gefängnis
gattaro/a *m, f, fam*	Person, die streunende Katzen füttert
gelosia *f*	Eifersucht
geloso	eifersüchtig
gemelli *pl*	Zwillinge *pl*
generare *v*	zeugen
gesuita *m*	Jesuit
gesuito	jesuitisch
gioiello *m*	Juwel; Schmuckstück
giustificare *v*	rechtfertigen, verteidigen
gracchiante	krächzend
graffio *m*	Kratzer
grattacheccaro/a *m, f, rom*	Wassereisverkäufer(in)
guaio *m*	Schwierigkeit; Problem; Ärger
guardia *f* **del corpo**	Leibwächter
guardiano/a *m, f*	Wächter(in)
guida *f* **turistica**	Reiseführer(in)
imbarazzante	peinlich
imbarazzarsi *v*	verlegen werden
imbarazzo *m*	Verlegenheit, Peinlichkeit
imbarazzo *m* **della scelta** *fig*	Qual der Wahl *fig*

imbattersi *v* **in**	stoßen auf
immergersi *v irr*	eintauchen
impaurirsi *v*	erschrecken
impazzire *v*	verrückt werden
impedire *v irr*	verhindern
imperatore *m*, **imperatrice** *f*	Kaiser(in)
imponenza *f*	Großartigkeit, Stattlichkeit
impressionare *v*	beeindrucken
impressione *f*	Eindruck
impronta digitale *f*	Fingerabdruck
in gamba *fig*	fähig; tüchtig; ordentlich
incantevole	bezaubernd
incanto *m*	Zauber
incaricare *v*	beauftragen
incomparabile	unvergleichlich
incorniciare	umrahmen
incrocio *m*	Kreuzung
indagare *v*	ermitteln, untersuchen
indagine *f*	Untersuchung
indietreggiare *v*	zurückweichen
indossare *v*	tragen, anhaben
infastidire *v*	stören, belästigen
infastidirsi *v*	sich ärgern
influenzare *v*	beeinflussen
inquietante	beunruhigend
insinuazione *f*	Unterstellung
insistere *v irr*	beharren
insopportabile	unerträglich
insultare *v*	beleidigen
insulto *m*	Beleidigung
interrare v	mit Erde füllen
interrogare *v*	verhören
interrogatorio *m*	Verhör
intromettersi *v irr*	sich einmischen

ispezionare *v*	überprüfen
ispirare *v*	inspirieren; orientieren
lampada (solare) *f*	Sonnenbank, Solarium
laurearsi *v*	einen Hochschulabschluss erwerben
legame *m*	Bindung
licenziare *v*	kündigen
lieto fine *m*	gutes Ende, Happy End
Li mortacci tua! *rom, fam*	Verdammt nochmal! *fam*
lupa *f*	Wölfin
maledetto	verdammt
mantenersi *v irr*	für seinen Unterhalt sorgen
massimo riconoscimento *m*	hier: höchste Note; höchste Auszeichnung
mattone *m*	Ziegelstein, Backstein
medievale	mittelalterlich
Medioevo *m*	Mittelalter
mente *f*	Geist, Verstand
mercato *m* **delle pulci**	Flohmarkt
miagolio *m*	Miauen
Milite Ignoto	Unbekannter Soldat
minacciare *v*	drohen
mollusco *m*	Weichtier
mordere *v irr*	beißen
mormorare *v*	murmeln
motoscafo *m*	Motorboot
multa *f*	(Geld-)Strafe
muricciolo *m*	Grenzmauer
nebbia *f*	Nebel
nei pressi	in der Nähe
nervi *m, pl* **saldi**	starke Nerven
non vedere *v irr* **l'ora**	es nicht erwarten können
occhiata *f*	Blick
ogni qualvolta	jedes Mal

ombelico *m*	Nabel
omicidio *m* **a sfondo sessuale**	Mord mit sexuellem Hintergrund
omonimo	gleichnamig
operatore *m* **ecologico, operatrice** *f* **ecologica**	Straßenreiniger(in)
orfano/a *m, f*	Halbwaise, Waise
osservare *v*	beobachten
ottenere *v irr*	erhalten
palestra *f*	Fitnessstudio
palude *f*	Sumpf
pancia *f*	Bauch
Papa *m*	Papst
pappagallo *m, fam*	hier: Angeber; Papagei
paralizzare *v*	lähmen
parrucca *f*	Perücke
partito *m* **di destra**	rechte Partei
pascolo *m*	Weideland
passarla *v* **liscia** *fam*	ungestraft davonkommen
pastore *m* **tedesco**	Schäferhund
pavimento *m*	Boden
pelo *m*	Haar
pendici *f, pl*	(Ab-)Hang
Pendolino	italienischer Hochgeschwindigkeitszug
penne *f, pl* **alla puttanesca**	kurze Nudeln mit scharfer Tomatensoße
perfino	sogar
per lo più	meistens
permesso *m* **di soggiorno regolarizzato**	geregelte Aufenthaltserlaubnis
per un pelo *fig*	um ein Haar *fig*
peste *f*	Pest
piegarsi *v* **in due** *fig*	sich krümmen
pittoresco	malerisch

pollice *m*	Daumen
portare *v* **l'impronta di** *fig*	den Stempel tragen von *fig*
portare *v* **male**	Unglück bringen
portavoce *m, f*	Wortführer(in), Sprecher(in)
portico *m*	Bogengang, Laubengang
pozzo *m*	Brunnen
prediletto	bevorzugt, Lieblings-
pregiudizio *m*	Vorurteil
presentimento *m*	Vorahnung
presso	bei
prosciugare *v*	hier: trocken legen; austrocknen
proverbio *m*	Sprichwort
pubblico *m* **ufficiale**	Amtsperson
pugno *m*	Faust(hieb)
punizione *f*	Strafe
quartiere *m*	Viertel
quiete *f*	Ruhe
quotidiano *m*	Tageszeitung
rapporto *m* **sentimentale**	Beziehung
(il) ratto *m* **delle Sabine**	(der) Raub der Sabinerinnen
Redentore *m*	Erlöser
regnare *v*	regieren; herrschen *fig*
reputazione *f*	Ruf
ressa *f*	Gedränge
ricerca *f*	Suche; Forschung
ricercatore *m,* **ricercatrice** *f*	Forscher(in)
ricomporre *v irr*	wieder aufbauen
riconciliazione *f*	Versöhnung
ricoprire *v irr*	überziehen, bedecken
rifiutare *v*	ablehnen
rifiutarsi *v*	sich weigern
riguardo a	in Bezug auf, (dies)bezüglich
rilasciare *v*	hinterlassen

rimorchiare *v, fam*	hier: mitschleifen *fig;* (ab)schleppen
rinascimentale	Renaissance-
Rinascimento *m*	Renaissance
ripercorrere *v irr*	noch einmal (entlang) gehen
risolvere *v irr*	lösen
risorgimento *m*	Risorgimento
ritrovamento *m*	Auffindung, Entdeckung
ritrovare *v*	wiederfinden
rivelare *v*	enthüllen, verraten
roco	rauh, heiser
rompere *v irr* **il ghiaccio** *fig*	das Eis brechen *fig*
rovina *f*	Ruine
sacerdozio *m*	Priestertum
saggio	weise
sanguinario	blutrünstig
sasso *m*	Stein
sbattere *v*	zuschlagen
sbrigare *v* **pratiche burocratiche**	Büroarbeiten erledigen
sbrigarsi *v*	sich beeilen
scalinata *f*	Freitreppe
scansare *v*	ausweichen, vermeiden; wegrücken
scattare *v* **una fotografia**	ein Foto schießen
scavo *m*	Grube, Graben, Aushebung
schifoso *m*	ekelhafter Mensch, Ekel
schivo	zurückhaltend, scheu
scodinzolare *v*	wedeln, schwänzeln
scollatura *f*	Ausschnitt; Dekolleté
scolpire *v*	meißeln, hauen
scomparire *v irr*	verschwinden
sconvolto	erschüttert, bestürzt
scopo *m*	Ziel

seccato	generv t
selvatico	wild
sentirsi *v* **a proprio agio**	sich wohl fühlen
seppellire *v irr*	begraben
Si figuri! *fig*	Stellen Sie sich einmal vor!
smorfia *f*	Grimasse
snello	schlank
soffiare *v*	blasen, pusten
sollevare *v*	heben
sontuosità *f*	Prunk, Pracht
sopraffare *v irr*	überwältigen
sorgere *v irr*	herausragen, hervorschauen
sormontare *v*	überragen
sorpassare *v*	überholen
sorridere *v irr* **tra sé**	in sich hineinlächeln
sospetto/a *m, f*	Verdächtige(r)
sosta *f*	Pause; Anhalten
sostegno *m*	Stütze; Unterstützung
sotterraneo *m*	Untergrund
sottolineare *v*	betonen, unterstreichen
sovrapprezzo *m*	Aufpreis, Aufschlag
spararsi *v*	sich erschießen
spaventare *v*	erschrecken
spuntare *v*	auftauchen, hervorkommen
squillare *v*	klingeln
statua *f* **equestre**	Pferdestatue
stipendio *m*	Gehalt
stomaco *m*	Magen
strangolare *v*	erwürgen
stringere *v irr*	drücken, zusammenkrampfen
stringersi *v irr* **a**	sich drücken an
stuzzichini *m, pl*	Knabbereien, Häppchen
suggestivo	stimmungsvoll, bezaubernd
suolo *m*	Boden, Erde

superare *v*	bestehen
sussurrare *v*	flüstern
svestito	ausgezogen, nackt
teleromanzo *m*	Soap-Opera
terremoto *m*	Erdbeben
tesina *f*	Haus-, Seminararbeit
testimone *m, f*	Zeuge, Zeugin
testimoniare *v*	bezeugen
texano/a *m, f*	Texaner(in)
timido	schüchtern
tiro *m*	hier: Zug; Wurf
tomba *f*	Sarg
tonnarelli *m, pl* **alla cuccagna**	römisches Nudelgericht
tosse *f*	Husten
traccia *f*	Spur
tradire *v irr*	betrügen
trascinare *v*	ziehen, schleppen
trascorrere *v irr*	verbringen; vergehen
trasferirsi *v*	umziehen
travolgente	überwältigend, hinreißend
travolgere v	hier: überwältigen, mitreißen
truce	finster, grimmig
ubbidire *v irr*	gehorchen
ubriaco	betrunken
uccidersi *v*	sich umbringen
umore *m*	Laune
uomo *m* **d'affari, donna** *f* **d'affari**	Geschäftsmann, Geschäftsfrau
vaporetto *m*	kleines Linienmotorboot in Venedig
vasca *f*	Wanne
vasto	großräumig; umfassend
vendicare *v*	rächen

venditore/venditrice *m, f* **ambulante**	Straßenverkäufer(in)
vergine *f*	Jungfrau
verificare *v*	überprüfen
vestaglia *f*	Morgenrock, Morgenmantel
Vestale *f*	Vestalin
vicolo *m*	Gasse
vigile urbano/a *m, f*	Polizist(in), Wachmann
vigliacco/a *m, f*	Feigling
violenza *f* **carnale**	Vergewaltigung
vita *f*	hier: Taille; Leben
vivacità *f*	Lebendigkeit
viziato	hier: verwöhnt, verzogen
vocazione *f*	Berufung
volante *m*	Lenkrad
volta *f*	hier: Gewölbe
voltarsi *v*	sich (um)drehen
volto *m*	Gesicht
zitella *f, fam*	hier: alte Jungfer; ledige Frau